JAPANESE IN-LAW
Words and Phrases for Day-to-Day Living

Kenneth Atchity & Keisaku Mitsumatsu

STORY MERCHANT BOOKS
LOS ANGELES • 2020

Japanese In-Law: Words and Phrases for Day-to-Day Living

Copyright © 2020 by Kenneth Atchity & Keisaku Mitsumatsu. All rights reserved.

No part of this book may be reproduced or transmitted in any form or by any means, electronic or mechanical, including photocopying, recording, or by any information storage and retrieval system, without the express written permission of the authors.

ISBN-13: 978-1-970157-11-6

Story Merchant Books
400 S. Burnside Avenue #11B
Los Angeles, CA 90036
www.storymerchantbooks.com

Five Essential Expressions

Thank you.
> **Arigatoh-gozaimasu**/*ah-reeh-GAH-toh-goh-ZIGH-mahs'*.

Excuse me; sorry.
> **Sumimasen.**/*sooh-meeh-MAH-sen.*

It's delicious.
> **Oishii-desu.**/*OY-sheeh-dess'*.

Cheers!
> **Kanpai!**/*kahn-PIGH.*

Let's eat; thanks for the food.
> **Itadakimasu.**/*EEH-tah-dah-keeh-MAH-sooh.*

Foreword

This is not a book for tourists, so I promise that you will not find, "Which direction is the bus terminal?" It *is* the little book I wished I'd had in my pocket every time my wife and I visited her parents in Tokyo, or every time her parents visited us in Los Angeles. It's also not about grammar, so you won't find complicated explanation of particles like **ne, no, o,** and **wa,** or when or when not to use them. The great thing about everyday Japanese is that you can get along without grammar—just with your determination to communicate and an ear for how words are pronounced.

When people asked, "Do you speak Japanese?" I used to reply, "I speak domestic Japanese," **Katei-no-nihongo-o-hanashimasu/***kah-TAY-noh-neeh-HOHN-goh-oh-hah-NAH-sheeh-mah-soo,* meaning I can handle the minimum words needed to make it through a normal day at home with family. Everything beyond that is icing.

This is the no-icing handbook for family Japanese, the words you need to know to get along day by day with your in-laws and to express your respect for their language and culture.

A few tips:

- You don't have to know all the declensions of every verb to communicate. The Japanese are idea people. Until you learn past tenses, subjunctives, etc., just use the main verb. They'll get it.
- Most verbs end with **masu**/*mah-sooh*. As in **Ikimasu**/*EEH-keeh-mah-sooh,* for Go. But the Japanese often skip (elide) the final *sooh* so it sounds like *EEH-keeh-mahs'*. The apostrophe used throughout the manual means such an elision, as in *des'* or *dess'* for **desu.**

- Japanese write in a number of scripts like **Kanji, Katakana, Hiragana** (none of which will be dealt with in this book), Japanese can be spelled in **Romaji**/*roh-MAH-jeeh*, rendering a word in English alphabetical script that allows westerners to *read* and *sound* the word. In this book, we follow the **Romaji** listing with a phonetic transcription that shows how most Japanese pronounce the word. An example:

    "Work, job."
    O-shigoto./*oh-SHEEH-goh-toh.*

- Where French looks down its nose at foreign intrusions into the French language, Japanese *loves* loan-words, **gairaigo**/*GUY-righ-goh*—especially from British English and American English. But that doesn't mean you'll be understood in Japan if you say "coffee" (**kohi**/*KOH-heeh*) or "sky" (**sukai**/*sooh-KIGH*). Because pronunciation is the issue, and we want you to be understood, we list these **gairaigo** (*gah-ee-RIGH-goh*) words right along with all others in the glossary ("Everyday Words & Phrases").

- Adding -**san** after a name, like **Mitsumatsu-san** or **Papa-san,** is a normal everyday way to show respect.
- Adding -**chan** after a name, like **Sano-chan** or **Yuki-chan,** is a way of showing affection but should only be used with close relationships to avoid being considered disrespectful.
- Adding **o** in front of a noun often makes it politer and is done more by women, though men should do it too.
- Our pronunciation guide is for the **gaijin**/*GUY-jin* ear so don't worry about various inconsistencies. It's to let you hear the word as foreigners normally hear it. The syllable(s) in capital letters means it's normally the one you hear EMPHASIZED.

- If you see a word we list in **romaji**, like **supa,** spelled differently than you've seen it before, like **suhpah,** don't worry. Remember, that **romaji** is a phonetic approximation of the Japanese word spelled in the English alphabet. The variances are due to different ways of hearing and transliterating the sound.
- When listing a color, like **aka** (red), we list the noun first, then the adjective: **aka, akai.**
- When listing a verb, like "to wash," **Araimasu (Arau).**/ *ah-righ-MAH-sooh (ah-ROH),* the form shown first is the informal indicative; the one in parentheses is the infinitive.

Table of Contents

Foreword/**Jobun**/*JOH-boon*

1 Greetings/**Aisatsu**/*eye-SAHT-sooh*   1

2 Morning/**Asa**/*AH-sah*   7

3 Breakfast/**Asa-gohan**/*AH-sah-GOH-hahn*   11

4 Lunch/**O-hiru-gohan**/*oh-HEE-rooh-GOH-hahn*   17

5 Afternoon/**Go-go**/*GOH-goh*   19

6 Dinner/**Yoru-gohan**/*YOH-rooh-GOH-han*   23

7 Evening/**Yoru**/*YOH-rooh*   25

8 Leaving & Returning/**Gaishutu**/*GUY-shooh-tooh*   27

9 Health/**Kenkoh**/*KEN-koh*   33

10 Polite/**Teinei**/*TIGH-nay-ee*   39

11 State/**Johtai**/*JOH-tigh*   41

12 Weather/**Ten-ki**/*TEN-kee*   45

13 Numbers/**Kazu**/*KAH-zooh;* **Bangoh**/*BAHN-goh*   49

14 Time/**Jikan**/*JEEH-kahn*   53

15 Money/**Okane**/*oh-KAH-nay*   59

16 Meals/**Gohan**/*GOH-hahn*   63

17 Drinking/**Nomimono**/*noh-meeh-MOH-noh*   87

18 Telephone/**Denwa**/*DEN-wah*   93

19 Shopping/**Kaimono**/*kigh-MOH-NOH*   97

20 Activities/**Katsudo**/*kah-TSOOH-doh*   101

21 Colors/**Iro**/*EE-roh*   105

22 Everyday Words & Phrases/**Nichjou-yogo**/NEEH-cheeh-jooh-YOH-goh   107

Acknowledgments/**Kansha**/*KAHN-shah*

Note to the Reader

JAPANESE IN-LAW

1 • ichi
EEH-cheeh

Greetings • Aisatsu • igh-SAHT-sooh

I'm going out.
: **Ittekimasu.** / *EEH-tay-keeh-MAH-sooh.*

I'm home.
: **Ta-da-ima.** / *tah-DIGH-mah.*

Welcome home.
: **Okaerinasai.** / *OH-kigh-reeh-nah-sigh.*

It's a long time since I saw you last.
> **Ohisashi-buridesu/** *oh-hee-SAH-sheeh-boor-eeh-dess'.*

Nice to meet you.
> **Hajimemashite./** *HAH-jeeh-may-MAH-sheeh-tah.*
>
> **Dozo-yoroshiku./** *DOH-zoh-yoh-roh-SHEEH-kooh.*

Good to see you; nice to meet you (polite).
> **Oai-dekite-ureshii-desu./** *oh-eye-DECK-eeh-teh-ooh-ray-SHEEH-eeh-dess'.*

Good to see you again.
> **Ohisa-shiburi-desu./** *oh-HEEH-sah-sheeh-BOOH-reeh-dess'.*

Thank you for inviting us.
> **Shotai-shite-kurete-arigato./** *SHOH-tigh-SHEEH-teh-kooh-ray-teh-ah-reeh-GAH-to.*

This is my business card.
> **Watashi-no-meishi-desu.**/*wah-TASH-eeh-noh-may-EEH-sheeh-dess'.*

It was a pleasure.
> **Tanoshi-katta-desu**/*tah-NOH-sheeh-kah-tah-dess'.*

What is your name?
> **O-namae-wa-nan-desu-ka?**/*oh-NAH-may-wah-NAHN-dess-kah?*
> **Onamae-wa?**/*oh-nah-mah-AY-wah?*

Where do you come from?
> **Goshusshin-wa?**/*goh-shooh-SHIN-wah?*

How are you?
> **Ogenki-desuka?**/*oh-GHEN-keeh-dess-kah?*

What do you do?
> **Oshigoto-wa?**/*oh-sheeh-GOH-tow-wah?*

Yes, I'm all right.
> **Hai-genki-desu.**/*high-GHEN-keeh-dess'.*

Happy Birthday!
> **Otanjobi-omedetoh-gozaimasu.**/*oh-TAHN-joh-bih-oh-MAY-deh-toh-goh-ZIGH-mahs'.*

How old are you?
> **Nansai-desu-ka?**/*NAHN-sigh-dess-kah?*
> **Oikutsu-desu-ka?**/*oh-eeh-KOOH-tsooh-dess'-kah?*

How old is Mary?
> **Mearii-san-wa-oikutsu-desu-ka?**/*may-AH-reeh-sahn-wah-oy-KOOH-tsooh-dess-ka?*

I'm twenty-two years old.
> **Nijuu-ni-sai-desu.**/*neeh-JOOH-ooh-NEEH-sigh-dess'.*

Merry Christmas!
> **Mery-kurisumasu.**/*MAY-reeh-KOOH-reeh-sooh-mah-sooh.*

Happy New Year!
> **Akemashite-omedetoh-gozaimasu.**/ *ah-kay-MAH-sheeh-teh-oh-MAY-deeh-toh-goh-ZIGH-mahs'.*

2 • ni • *neeh*

Morning • Asa • *AH-sah*

Good morning!
> **Ohayoh-gozaimasu.** / *oh-HIGH-yo-goh-ZIGH-mahss.*

Did you sleep well?
> **Yoku-nemuremashitaka?** / *YOH-kooh-nay-moor-eeh-MAH-sheeh-tah-ka?*

I did. I slept well.
> **Yoku-nemuremashita.** / *YOH-kooh-nay-moor-eeh-MASH-eeh-tah.*

How many times did you get up?
> **Nankai-okimashita-ka?**/*NAHN-kigh-oh-keeh-mah-sheeh-tah-kah?*

Excuse me; sorry.
> **Sumimasen.**/*sooh-meeh-MAH-sen.*

Are you hungry?
> **Onaka-ga-sukimashitaka?**/ *oh-NAH-kah-gah-sooh-keeh-MAH-sheeh-tah-kah?*

I'm hungry.
> **Onaka-ga-suite-imasu.**/*oh-NAH-kah-sooh-EEH-tay-eeh-mahs'.*

Would you like some coffee? How about some coffee?
> **Kohi-ikaga-desuka?**/*oh-KOH-heeh-eeh-kah-gah-DESS-kah?*

I'd like some coffee.
> **Kohii-wo-itadaki-masu.**/*KOH-heeh-woh-eeh-tah-DAH-keeh-mahs'.*

Kohii-wo-onegaishimasu/KOH-heeh-woh-OH-nay-gigh-sheeh-mahs.
Kohi-wo-kudasai./KOH-heeh-woh-KOOH-dah-sigh.

Let's have/eat breakfast.
Asa-gohan-ni-shimasho./AH-sah-GOH-hahn-neeh-sheeh-MAH-shoh.
Asa-gohan-wo-tabemasho./AH-sah-GOH-hahn-woh-tah-bay-MAH-shoh.

3 • san • *sahn*

Breakfast • Asa-gohan • *AH-sah-GOH-hahn*

Breakfast is ready.
> **Asa-gohan-desu.** / *AH-sah-GOH-hahn-dess'.*

Would you like anything?
> **Nani-ka-hoshii-desuka?** / *NAH-neeh-kah-HOH-sheeh-eeh-dess'-kah?*

I will cook now.
> **Ima-ryori-shimasu.**/*EEH-mah-reeh-yoh-reeh-sheeh-MAH-sooh.*
> **Shokuji-no-yohi-wo-shimasu.**/*shoh-KOOH-jeeh-noh-YOH-heeh-woh-sheeh-MAH-sooh.*

Let's eat, or thanks for the food.
> **Itadakimasu.**/*EEH-tah-dah-keeh-MAH-sooh.*

I'll have coffee.
> **Kohii-wo-kudasai.**/*KOH-heeh-eeh-woh-kooh-dah-sigh.*
> **Watashi-wa-kohii-o-itadaki-masu.**/*wah-TAH-sheeh-wah-KOH-heeh-eeh-oh-eeh-tah-DAH-keeh-mahs'.*

Rolls.
> **Roru-pan.**/*ROH-rooh-pan.*

Toast.
> **Toh-suto.**/*TOH-sooh-toh.*

Egg.
> **Tamago.**/*tah-MAH-goh.*

Ham & eggs.
> **Hamu-eggu.**/*HAH-mooh-AIG-ooh.*

It's delicious.
> **Oishii-desu.**/*OY-sheeh-dess'.*

It's very delicious.
> **Sugoko-oishii-desu.**/*SOOH-goh-koh-OY-sheeh-dess'.*

Is it delicious?
> **Oishii-desuka?**/*OY-sheeh-dess-kah?*

It was delicious!
> **Oishiikatta-desu**/*OYSH'-kaht-tah-dess'.*

Would you like anything else?
> **Hokani-nanika-hoshii-desuka?**/*hoh-KAH-neeh-nah-neeh-kah-hoh-sheeh-dess-kah?*

What would you like?
> **Nani-ka-hoshii-desuka?** / *NAH-neeh-kah-HOH-sheeh-dess'-kah?*

Would you like something more (to eat)?
> **Nani-ka-motto-tabemasuka?** / *NAH-neeh-kah-moh-toh-toh-bay-MAH-sooh-kah?*

Would you like something to drink?
> **Nani-ka-nomimasuka?** / *NAH-neeh-kah-NOH-meeh-MAH-sooh-kah?*

I'd like a little more...
> **Mou-sukoshi-kudasai.** / *MOH-sooh-KOH-sheeh-KOOH-dah-sigh.*

No, thanks, I'm full.
> **Mou-kekkou-desu.** / *moh-KAY-koh-dess.*
> **Iie-mou-kekkou-desu.** / *EEH-ay-mooh-KAY-koh-dess.*
> **Man-puku-desu.** / *mahn-POOH-kooh-dess.*

Check, please.
> **Okan-jo-kudasai.**/*oh-KAHN-joh-kooh-dah-SIGH*.

Thanks for the meal.
> **Gochi-so-sama-deshta.**/*GOH-cheeh-so-SAH-mah-DESH-tah*.

You're welcome. It was nothing.
> **Osomatsu-sama-deshista.**/*oh-soh-MAH-tsooh-sah-mah-DESH'-tah*.

4 • **shi** • *sheeh*

Lunch • o-hiru-gohan • *oh-HEEH-rooh-goh-hahn*

Are you hungry?
Onaka-ga-suite-i-masuka? / *oh-NAH-kah-gah-sooh-eeh-eeh-MAH-sooh-kah?*

When are you eating lunch?
Itsu-o-hirugohan-wo-tabemasuka? / *EET-sooh-oh-heeh-rooh-GOH-hahn-woh-tah-bay-MAH-sooh-ka?*

Lunch is ready.
> **O-hiru-gohan-desu.**/*oh-HEEH-rooh-goh-hahn-dess'.*

I'll have lunch now.
> **O-hiru-gohan-wo-tabemasho.**/*oh-HEE-rue-goh-han-woh-tah-bay-MAH-shoh.*

I'd like a banana, please.
> **Banana-o-kudasai.**/*BAH-nah-nah-oh-KOOH-dah-sigh.*

Please eat.
> **Meshiagatte-kudasai.**/*mesh-eeh-ah-GAH-tay-kooh-dah-sigh.*

Let's eat.
> **Tabemasho.**/*TAH-bay-MAH-shoh.*

Have a good meal.
> **Osho-kuji-o-dozo.**/*oh-shoh-KOOH-jeeh-oh-doh-zoh.*
> **Meshiagatte-kudasai.**/*mesh-eeh-ah-GAH-tay-kooh-dah-sigh.*

5 • go • goh

Afternoon • Go-go • GOH-goh

Good day (or afternoon), or How's it going?
   Konnichi-wa? / *koh-NEEH-chee-wah?*

I will take a nap.
   O-hirune-o-shimasu. / *oh-heeh-ROOH-neh-oh-sheeh-MAH-sooh.*

Would you like to take a nap?
   O-hirune-ga-shitai-desuka? / *oh-heeh-ROOH-neh-gah-SHEEH-tigh-dess-kah?*

Shall we go for a walk?
> **O-sanpo-ni-ikima-shohka?**/*oh-SAHN-poh-neeh-eeh-keeh-mah-SHOH-kah?*

Meet me at the café at one o'clock.
> **Ichi-ji-ni-kohi-shoppu-de-o-ai-shimasu.**/*EEH-cheeh-jeeh-neeh-KOH-heeh-shop-pooh-deh-oh-igh-sheeh-MAH-sooh.*

You're early.
> **Hayaidesu-ne.**/*hah-YIGH-dess-ooh-neh.*

You're late.
> **Chikokudesu.**/*cheeh-KOH-kooh-dess-ooh.*

Don't get lost.
> **Mayo-wa-naide.**/*MAH-yoh-wah-nigh-deh.*

Did you get lost?
> **Mayoi-mashitaka?**/*MAH-yoh-eeh-MAH-eeh-tah-kah?*

I was worried about you.
> **Shinpai-shimashita.**/*SHIN-pigh-sheeh-MAH-shtah.*

6 • roku •
ROH-kooh

Dinner • Yoru-gohan • *YOH-rooh-GOH-han*

How's it going? Good evening.
Konbanwa./*kohn-BAHN-wah.*

Would you like something to drink?
Nanika-nomitai-desu-ka?/*NAH-neeh-kah-NOH-may-tigh-dess'-kah?*

I'd like a beer.

Biiru-wo-kudasai./*beeh-EEHrooh-woh-kooh-dah-sigh.*

Birru-ga-nomitai-desu/*BEEH-rooh-gah-NOH-may-tigh-des'.*

I will make dinner now.

Ban-gohan-wo-ima-tsukurimasu./*ban-GOH-han-woh-eeh-MAH-tsooh-kooh-reeh-MAH-sooh.*

Yuh-shoku-no-yohi-wo-shimasu./*YOOH-shoh-kooh-noh-yoh-heeh-woh-sheeh-MAH-sooh.*

Dinner is ready.

Gohan-desu./*GOH-hahn-dess'.*

As you like; You decide.

Omakase-shimasu./*oh-mah-KAH-say-sheeh-mahs'.*

7 • shichi; nana • SHEEH-cheeh; NAH-nah

Evening • Yoru • YO-rooh

Good evening.
: **Kon-ban-wa.** / *kohn-BAHN-wah.*

It's getting dark.
: **Kuraku-nari-mashita.** / *kooh-RAH-kooh-nah-reeh-MAH-sheeh-tah.*

Would you like something to drink?
> **Nanika-nomi-masu-ka?**/*NAH-neeh-kah-NOH-meeh-mah-sheeh-kah?*

Good night!
> **Oyasumi-nasai.**/*oh-yah-SOOH-meeh-nah-sigh.*

I'm getting sleepy.
> **Nemuku-nari-mashita.**/*nay-MOOH-kooh-nah-reeh--MAH-sheeh-tah.*

I'm going to sleep.
> **Oyasuminasai.**/*OY-yah-SOOH-me-nah-sigh.*
> **Nemasu.**/*nay-MAHS.*

8 • hachi •
HAH-cheeh

Leaving & Returning • Gaishutu •
GUY-shoo-tooh

I'm going.
> **Ittekimasu.**/*EE-tay-kee-mah-sooh.*
> **Itte-mairi-masu.**/*EE-tay-my-ree-mah-sooh.*

I'm staying here.
> **Ie-ni-imasu.**/*EE-ay-neeh-ee-mah-sooh.*

Until again.
> **Dewa-mata.**/*DAY-wah-mah-tah.*

Where are you going?
> **Doko-ni-ikimasuka?**/*DOH-koh-neeh-eeh-keeh-MAH-sooh-kah?*
> **Doko-ni-irrashai-masuka?**/*DOH-koh-neeh-eeh-rah-shigh-MAH-sooh-kah?*

I'm going to the gym.
> **Gimu-ni-ikimas.**/*JIH-mooh-neeh-eeh-keeh-mahs.*

I'm going to yoga.
> **Yoga-ni-ikimas.**/*YOH-gah-neeh-eeh-keeh-mahs.*

I'm going to play tennis.
> **Tenisu-ni-ikimas.**/*TEHN-neeh-sooh-neeh-eeh-keeh-mahs.*

Come again.
> **Mata-dozo.**/*MAH-tah-doh-zoh.*

Let's go for a walk.
> **O-sanpo-wo-shimasho.** / *oh-SAHN-poh-woh-sheeh-MAH-shoh.*
>
> **O-sanpo-ni-iki-masho.** / *oh-SAHN-poh-neeh-eeh-keeh-MAH-shoh.*

Go—and return. See you later.
> **Itte-ratshai.** / *eeh-TAY-raht-shigh.*
> **Dewa-mata.** / *DAY-wah-MAH-tah.*

Please take me shopping with you.
> **Isshoni-o-kaimononi-tsureteitte-kudasai.** / *eeh-SHOH-neeh-oh-kigh-MOH-neeh-TSOOH-ray-tay-eeh-tay-KOOH-dah-sigh.*

Please come.
> **Kite-kudasai.** / *KEEH-tay-kooh-dah-sigh.*
> **Irashite-kudasai.** / *ee-rah-SHEE-tay-kooh-dah-sigh* (more polite).

Where are you going?
> **Doko-ni-ikimasuka?** / *DOH-koh-neeh-eeh-keeh-MAH-sooh-kah?*

Doko-ni-irasshai-masuka? / *DOH-koh-neeh-eeh-rah-shigh-MAH-sooh-kah?*

When are we going?

Itsu-ikimasuka? / *EET-sooh-eeh-keeh-MAH-sooh-kah?*

Itsu-irasshai-masuka? / *EEH-tsooh-eeh-rah-shigh-MAH-sooh-kah?*

Are you ready?

Yo-i-dekimashita-ka? / *YOH-eeh-deck-eeh-MAH-sheeh-tah-kah?*

Jun-bi-dekimashitaka? / *JOON-beeh-deh-keeh-MAH-sheeh-tah-kah?*

Everyone ready?

Minna-yo-i-dekimashitaka? / *MEEH-nah-yoh-eeh-day-keeh-mah-sheeh-TAH-kah?*

Minna-junbi-dekimashitaka? / *meeh-nah-JOON-beeh-day-keeh-mah-sheeh-TAH-kah?*

Let's go.

Ikimasho. / *eeh-keeh-MAH-shoh.*

Thanks for waiting.
> **Omatase-shimashita.**/*oh-MAH-tah-say-sheeh-mah-shtah.*

Where are you going?
> **Doko-ni-ikimasuka?**/*DOH-koh-neeh-eeh-keeh-mah-SOOH-kah?*

I'm making a phone call.
> **Denwa-o-kakemasu.**/*DEN-wah-oh-kah-kay-MAH-sooh.*

I'd like to go to the beach.
> **Umi-ni-ikitaidesu.**/*OOH-meeh-neeh-eeh-keeh-tigh-dess'-ooh.*
> **Watashi-wa-kaigan-ni-ikitai-desu.**/*wah-TAH-sheeh-wah-KIGH-gahn-neeh-eeh-keeh-TIGH-dess'.*

Have a good time. Have fun. Please enjoy.
> **Tanoshinde-kudasai.**/*tah-no-SHIN-deh-kooh-dah-sigh.*

I want to have a good time.
> **Tanoshimi-tai-desu.**/*tah-no-SHEEH-meeh-TIGH-dess'*.

We're back. I'm back.
> **Ta-daima.**/*tah-DIGH-mah*.

Welcome back.
> **Okaeri-nasai.**/*oh-kigh-REEH-nah-sigh*.

9 • kyu •
KEEH-yooh

Health • Kenkoh • KEN-koh

When you're trying to assess the health of a Japanese in-law, be sure you ask the same question more than once. Because of their politeness, many Japanese have a hard time admitting they aren't feeling perfect.

How are you feeling?
    Ikaga-desuka?/*EE-kah-gah-dess-ooh-kah?*

Are you feeling well?
> **Dai-jobu-desuka?** / *digh-JOH-booh-dess-ooh-kah?*

Are you feeling worse?
> **Guai-ga-warui-desuka?** / *GWIGH-gah-wah-ROOH-eeh-dess-ooh-kah?*

No change?
> **Okawari-arimasenka?** / *oh-KAH-wah-reeh-ah-reeh-mah-SEN-kah?*

Did you sleep well?
> **Yoku-nemuremashitaka?** / *YOH-kooh-nay-mooh-reeh-MAH-shtah-kah?*

How many times did you get up last night?
> **Yuube-wa-nankai-okimashitaka?** / *yooh-OOH-beeh-wah-nahn-kigh-oh-kee-MAH-shee-tah-kah?*
>
> **Nankai-okimashita-ka?** / *NAHN-kigh-oh-keeh-mash-eeh-tah-kah?*

Do you have a headache?
>   **Atama-ga-itai-desuka?** / *AH-tah-mah-gah-EEH-tigh-dess-ooh-kah?*

Are you having pain?
>   **Itami-ga-arimasuka?** / *eeh-TAH-meeh-gah-ah-reeh-MAH-sooh-kah?*

Is it painful?
>   **Itai-desuka?** / *EEH-tigh-dess'-ooh-kah?*

Are you taking your medicine?
>   **O-kusuri-wo-nonde-imasuka?** / *oh-kooh-SOOH-reeh-woh-non-deh-eeh-MAH-sooh-kah?*

Where is the pain?
>   **Dokoga-itai-desuka?** / *doh-KOH-gah-EEH-tigh-dess'-kah?*

How bad is the pain?
>   **Sugoku-itai-desuka?** / *sooh-GOH-kooh-eeh-tigh-dess'-kah?*

Not bad.
>
> **Sonnani-itakunai-desu.**/*soh-NAH-neeh-eeh-tah-kooh-nigh-dess'.*

Medium.
>
> **Mah-mah.**/*MAH-mah.*

Very bad.
>
> **Totemo-itai-desu.**/*TOH-tay-moh-EEH-tigh-dess'.*

Tell the truth, please!
>
> **Hontou-no-koto-o-itte-kudasai!**/*HON-toh-noh-KOH-toh-oh-EEH-tay-KOOH-dah-SIGH!*

Are you out of breath?
>
> **Iki-ga-kiremasuka?**/*EEH-keeh-gah-keeh-ray-MAH-sooh-kah?*

Do you have a temperature?
>
> **Netsu-ga-arimasuka?**/*NEH-tsooh-gah-ah-ree-MAH-sooh-kah?*

What would make you feel better?
Dousureba-ii-desuka?/*DOOH-sooh-ray-bah-eeh-eeh-dess-ooh-kah?*

Shall we go to the doctor's?
Oisha-sama-ni-ikimasuka?/*oh-EEH-shah-sah-mah-neeh-eeh-keeh-MAH-sooh-kah?*

10 • juu •
jooh-OOH

Polite • Teinei •
TIGH-nay-ee.

You can't go wrong being polite in Japanese. They love it. Sometimes it will drive you crazy, but you'll learn to love it too.

Thank you.
> **Arigatoh-gozaimasu/** *ah-reeh-GAH-toh-goh-ZIGH-mahs'*.

You're welcome.
> **Do'-ita-shimashite./** *DO-eeh-tah-sheeh-MASH'-teh*.

Be careful.
> **Go-yukkuri.**/*goh-yooh-KOOR-eeh*.

Excuse me.
> **Shitsurei-shi masu.**/*sheet-TSOOH-ray-eeh-sheeh-MAHSH*.
> **Sumimasen.**/*sooh-meeh-MAH-sen*.

Please.
> **Onegaishimasu.**/*on-ay-GIGH-sheeh-mahs'*.
> **Dozo.**/*DOH-zoh*.

11 • juu-ichi • *jooh-ooh-EEH-cheeh*

State • Johtai • *JOH-tigh*

What's happening?
   Do-desuka? / *doh-DESS'-kah?*
      Polite:
         Ikaga-desuka? / *eeh-KAH-gah-dess'-kah?*

Are you okay?
   Daijohbu-desuka? / *digh-JOH-booh-dess'-kah?*

Everything alright?
Do-deska?/*DOH-dess'-kah?*

I'm okay.
Daijohbu-desu./*digh-JOH-booh-dess'.*

No problem.
Daijobu-desu./*digh-JOH-booh-dess'.*

I'm not so good. (I'm not well).
Daijobu-ja-arimasen./*digh-JOH-booh-jah-ah-reeh-mah-SEN.*

What are you going to do?
Nanio-shimasuka?/*NAN-eeh-oh-sheeh-MAH-sooh-kah?*

What to do?
Nani-wo-shiyo-kana?/*NAH-neeh-woh-sheeh-yoh-kah-nah?*

What shall I do?
Doo-shimashoka?/*DOH-oh-sheeh-mah-shoh-kah?*

Be careful.
>   **Ki-wo-tsukete.** / *keeh-woh-TSOOH-kay-teh.*

Go slowly.
>   **Go-yukkuri.** / *goh-yooh-KOOH-reeh.*

Please wait.
>   **Matte-kudasai.** / *MAH-tay-kooh-dah-sigh.*

Please show me.
>   **Misete-kudasai.** / *MEEH-zay-tay-KOOH-dah-sigh.*

Is it just right?
>   **Choodo-ii-desuka?** / *CHO-OH-doh-EEH-eeh-dess'-kah?*

Is it okay?
>   **Ii desuka?** / *EEH-eeh-DESS'-kah?*

I see; Is that right?
>   **So-desu-ka?** / *SOH-dess'-kah?*
>   **So-desu.** / *SOH-dess'.*

I like this.

> **Kore-ga-ii-desune.**/*KOH-ray-gah-eeh-eeh-dess-ooh-neh.*
>
> **Kore-ga-sukidesu.**/*KOH-ray-gah-SOOH-keeh-dess'.*

Have a good time; Have fun.

> **Tanoshinde-kudasai.**/*tah-noh-SHIN-deh-KOOH-deh-sigh.*

12 • juu-ni •
JOOH-ooh-neeh

Weather •
Ten-ki • *TEN-keeh*

The Japanese love talking about the weather and keeping up with the latest forecast. In Japan, it makes sense. Exposed on all sides to the ocean, the weather can change several times a day.

The weather is good.
> **Yoi-otenki-desu.**/*yoh-eeh-oh-TEN-keeh-dess'*.

It's not a good day.
>
> **Otenki-ga-warui-desu.** / *oh-TEN-kee-gah-wah-rooh-eeh-dess'.*

It's getting cold.
>
> **Samuku-nari-masu.** / *sah-MOOH-kooh-NAH-reeh-mah-sooh.*

It's too hot.
>
> **Totemo-atsui-desu.** / *TOH-tay-moh-aht-SOOH-eeh-dess'*

It's really hot today.
>
> **Kyo-wa-totemo-atsui-desu.** / *keeh-YOH-wah-toh-TAY-moh-aht-sooh-eeh-dess'.*

Is it really hot today?
>
> **Kyo-wa-sugoku-atsui-desuka?** / *keeh-yoh-wah-sooh-GOH-kooh-AHT-sooh-dess'kah?*
> **Atsui-desuka?** / *aht-SOOH-eeh-dess'-kah?*

It's a little chilly.
>
> **Sukoshi-samui-desu.** / *sooh-KO-sheeh-sah-MOOH-eeh-dess'*

It's windy.

> **Kaze-ga-tsuyoi-desu.**/*KAH-zay-gah-tsu-YOI-dess.*

It's too humid.

> **Sugoi-shikke-desu.**/*sooh-GOY-sheeh-kay-dess'*

It's raining.

> **Ame-ga-futtemasu.**/*ah-MAY-gah-fooh-tay-MAHsooh.*

It looks like rain.

> **Ame-ga-furi-so-desu.**/*ah-ME-gah-fooh-reeh-so-dess'.*

13 • juu-san • JOOH-ooh-sahn

Numbers • kazu • KAH-zooh; bangoh • BAN-goh.

0 zero, rei./ *ZAY-roh; RAY.*

1 Ichi/ *EEH-cheeh.*

2 Ni/ *neeh.*

3 San/ *sahn.*

4 Shi, Yon/ *sheeh, yohn.*

5 Go/ *goh.*

6 **Roku**/*ROH-kooh.*

7 **Shichi; Nana.**/*SHEEH-cheeh; NAH-nah.*

8 **Hachi.**/*HAH-cheeh.*

9 **Kyuu; ku.**/*KEE-ooh-ooh; kooh.*

10 **Juu**/*JOOH-ooh.*

11 **Juu-ichi**/*JOOH-eeh-cheeh.*

12 **Juu-ni**/*JOOH-ooh-neeh.*

13 **Juu-san**/*JOOH-ooh-sahn.*

14 **Juu-shi; Juu-yohn**/*JOOH-ooh-SHEEH, JOOH-ooh-YOHN.*

15 **Juu-go**/*JOOH-ooh-goh.*

16 **Juu-roku**/*JOOH-ooh-roh-kooh.*

17 **Juu-shichi**/*JOOH-ooh-SHEE-cheeh.*

18 **Juu-hachi**/*JOOH-ooh-HAH-cheeh.*

19 **Juu-ku; Juu-kyuu,** / *JOOH-ooh-KOOH; JOOH-ooh-KEEH-ooh-ooh.*

20 **Ni-juu.**/*NEEH-jooh-ooh.*

30 **San-juu**/*SAHN-jooh.*

40 **Yon-juu**/*YOHN-jooh.*

50 **Go-juu**/*GOH-jooh.*

60 **Roku-juu** / *ROH-kooh-jooh.*

70 **Shi-chi-juu; Nana-juu.** / *SHEEH-jeeh-jooh; NAH-nah-jooh.*

80 **Hachi-juu** / *HAH-cheeh-jooh.*

90 **Kyuu-juu** / *KEEH-ooh-ooh-jooh.*

100 **Hyakku** / *heeh-YAH-kooh.*

1000 **Sen** / *SEN*

10,000 **Ichi-mann** / *EEH-cheeh-mahn.*

100,000 **Ju-mann** / *JOOH-mahn.*

1,000,000 **Hyaku-mann** / *heeh-YAH-kooh-mahn.*

1st floor, **Ikkai** / *EEH-kigh*

2nd floor, **Ni-kai** / *NEEH-kigh*

3rd floor, **San-gai** / *SAHN-kigh* …

4th floor, **Yon-kai** / *YOHN-kigh*

14 • juu-shi • *JOOH-ooh-shi*

Time • Jikan • *JEEH-kahn*

What time is it?
> **Nan-ji-desuka?** / *NAHN-jeeh-DESS'-kah?*

What time is it now?
> **Ima-nanji-desu-ka?** / *EEH-mah-nahn-jeeh-DESS'-kah?*

At one o'clock.
> **Ichi-ji-ni.** / *EEH-cheeh-jeeh-neeh.*

Two o'clock.
> **Ni-ji-desu.** / *NEEH-jeeh-dess'.*

Nine o'clock.
> **Ku-ji-desu.** / *KOOH-jeeh-dess'.*

Nine thirty.
> **Kuji-han-desu.** / *KOOH-jeeh-HAHN-dess.*

Ten o'clock.
> **Juuji-desu.** / *JOOH-jeeh-dess.*

What time is it in Tokyo now?
> **Tokyo-wa-ima-nanji-desu-ka?** / *toh-keeh-yoh-wah-EEH-mah-NAHN-jeeh-dess'-ka?*

Fifteen minutes.
> **Juu-go-fun.** / *JOOH-goh-foon.*

Which day of the week?
> **Nanyobi-desuka?** / *nahn-YOH-beeh-dess'kah?*

Today is Monday.
> **Kyo-wa-getsuyobi-desu.** / *'keeh-YOH-wah-geht-sooh-YOH-beeh-dess'.*

Tuesday.
> **Kayohbi.** / *kigh-YOH-beeh.*

Wednesday.
> **Suiyohbi.** / *SOOH-eeh-YOH-beeh.*

Thursday.
> **Mokuyohbi.** / *MOH-kooh-YOH-beeh.*

Friday.
> **Kinyohbi.** / *KIN-yoh-beeh.*

Saturday.
> **Doyohbi.** / *DOH-yoh-beeh.*

Sunday.
> **Nichiyohbi.** / *NEEH-cheeh-YOH-beeh.*

Minutes • Fun. • *foon*

One minute.
> **Ippun.**/*EEH-poon.*

Two minutes.
> **Nifun.**/*NEEH-foon.*

Three minutes.
> **Sanpun.**/*SAHN-poon.*

Four minutes.
> **Yonpun.**/*YOHN-poon.*

Five minutes.
> **Gofun.**/*GOH-foon.*

Six minutes.
> **Roppun.**/*ROH-poon.*

Seven minutes.
> **Nanafun.**/*NAH-nah-foon.*

Eight minutes.
>**Hachifun.**/*HAH-cheeh-foon.*
>**Happun.**/*HAH-poon.*

Nine minutes.
>**Kyuufun.**/*KEEH-ooh-ooh-foon.*

Ten minutes.
>**Juppun.**/*JOOH-ooh-poon.*

Fifteen minutes.
>**Juugofun.**/*JOOH-ooh-GOH-foon.*

Twenty minutes.
>**Nijuppun.**/*NEEH-jeeh-poon.*

Thirty minutes.
>**Sanjuppun.**/*SAHN-jooh-poon.*

One o'clock.
>**Ichi-jikan.**/*EEH-cheeh-jeeh-kahn.*

15 • juu-go •
jooh-ooh-goh

Money • Okane •
oh-KAH-nay

Billfold.
    O-saifu./*oh-sigh-EEH-fooh.*
        I lost my billfold.
            O-saifu-wo-nakushi-mashita./*oh-SIGH-eeh-fooh-woh-nah-kooh-sheeh-MAH-sheeh-tah.*

Bills.
    O-satsu./*oh-SAH-tsoo.*

Coins.
> **Kozeni.** / *koh-ZAY-neeh.*
> **Kohka.** / *KOH-kah.*

Cash.
> **Genkin.** / *GIN-kin.*
> **Kyasshu.** / *keeh-YAH-shooh.*

Credit card.
> **Kurejitto-kahdo.** / *kooh-RAY-jeeh-toh-KAH-doh.*

Money.
> **Okane.** / *oh-KAH-nay.*

100 yen.
> **Hyaku-en.** / *heeh-YAH-kooh-ehn.*

500 yen.
> **Go-hyaku-en.** / *goh-H'YAH-kooh-ehn.*

1,000 yen.
> **Sen-en.** / *SEN-ehn.*

5,000 yen.
Go-sen-en./*GOH-sehn-ehn.*

10,000 yen.
Ichi-man-en./*EEH-cheeh-mahn-ehn.*

16 • juu-roku • *jooh-ooh-ROH-kooh*

Meals • Gohan • *GOH-hahn*

All exciting cultures are obsessed with food. Japanese are no exception. But their food *is* exceptional, so it's not surprising that **oishi/***oy-SHEEH* (delicious) is the word you hear most at the table. **Ma-ma/***MAH-mah* (so-so) is *not* the word you want to hear.

Are you hungry?
> **Onaka-ga-suite-imasuka?/***oh-NAH-kah-gah-SOOH-eeh-tay-eeh-MAH-sooh-kah?*

Onaka-ga-suki-mashitaka? / *oh-NAH-kah-gah-SOOH-keeh-mah-sheeh-TAH-kah?*

No, I'm okay.
Ie-kekko-desu. / *EEH-ay-KAY-koh-dess'.*

Would you eat something?
Nanika-tabetai-desuka? / *NAH-neeh-kah-TAH-bay-tigh-dess'-kah?*

Let's go eat.
Shokuji-ni-ikimasho. / *shoh-KOOH-jeeh-neeh-eeh-keeh-MAH-shoh.*

When are we going to eat?
Itsu-tabemasuka? / *EEH-tsooh-tah-bay-MAH-skah?*
Itsu-tabemashoka? / *EE-tsooh-tah-bay-MAH-shoh-kah?*

Would you like to go eat?
Tabeni-ikimashohka? / *tah-BAY-neeh-ih-keeh-mah-SHOH-kah?*

Please eat.
> **Oshokujo-o-dozo.**/*oh-shoh-KOOH-joh-oh-DOH-zoh.*

Please help yourself.
> **Meshiagatte-kudasai.**/*meh-sheeh-ah-GAH-tay-kooh-dah-sigh.*

(Before meals:) Thank you for the food to come.
> **Ita-daki-masu.**/*EEH-tah-dah-keeh-MAH-sooh.*

No, you finish it.
> **Ie-dozo.**/*eeh-ay-DOH-zoh.*

That's good, isn't it?/It's delicious?
> **Oishii-desu-ka?**/*OY-sheeh-eeh-dess-kah?*

That's good./It's delicious.
> **Oishii-desu.**/*OY-sheeh-eeh-dess'.*

What would you like (food)?
> **Nanni-shimasuka?**/*NAH-neeh-sheeh-MAH-sooh-kah?*

Not really.
> **Kekko-desu.**/*KAY-koh-dess'.*

Please pass me the cheese.
> **Chiizu-wo-kudasai.**/*CHEEH-zooh-woh-KOOH-dah-sigh.*

I'd like some dessert.
> **Dezato-wo-kudasai**/*day-ZAH-toh-woh-kooh-dah-sigh.*

Please eat.
> **Meshiagatte-kudasai.**/*MEH-sheeh-ah gah-tay-KOOH-dah-sigh.*

Won't you eat?
> **Tabemasenka?**/*tah-BAY-mah-senk-ah.*

Would you like anything?
> **Nanika-hoshii-desu-ka?**/*NAH-neeh-kah-HOH-sheeh-dess-ooh-kah?*

Would you like more rice?
> **Motto-gohan-wo-ikaga-desu-ka?**/*moh-toh-GOH-hahn-woh-eeh-kah-gah-dess-kah?*

Did you have enough?
> **Tarimashita?** / *TAH-reeh-MAH-sheeh-tah?*

Where are we going to eat?
> **Doko-de-tabemasuka?** / *DOH-koh-deh-tah-bay-MAH-sooh-kah?*

Let's eat here.
> **Koko-de-tabemasho.** / *KOH-koh-deh-tah-bay-MAH-shoh.*

Thank you for the great meal.
> **Go-chiso-sama-deshista.** / *Goh-cheeh-SOH-sah-mah-DESH-eeh-stah.*

It was nothing.
> **Osomats-sama-deshista.** / *oh-so-MAHTS-sah-mah-DESH-eeh-tah.*

Are you satisfied?
> **Onaka-ga-ippai-desuka?** / *oh-NAH-kah-gah-EEH-pigh-des-ooh-kah?*

I'm full; No thanks; I'm stuffed.
> **Onaka-ga-ippai-desu.**/*oh-NAH-kah—gah-EEH-pigh-dess'*.
> **Ie-mo-kekko-desu.**/*EEH-ay-moh-KAY-koh-dess'*.

I ate well.
> **Oishikatta-desu.**/*OY-sheeh-kah-tah-dess'*.
> **Yoku-tabemashita.**/*YO-kooh-tah-bay-MAH-sheeh-tah*.

It's just okay.
> **Ma-ma-desu.**/*MAH-mah-dess'*.

Check, please.
> **Okanjo-wo-kudasai.**/*oh-KAHN-joh-woh-KOOH-dah-sigh*.

Food • **Tabemono** • *TAH-bay-moh-noh.*

Meat • niku

Beef.
> **Gyuuniku.**/*GEW-ooh-NEEH-kooh.*
> **Biifu.**/*beeh-EEH-fooh.*
>> Steak.
>>> **Steeki.**/*STAY-keeh.*

Chicken.
> **Tori-niku**/*TOH-reeh-neeh-kooh.*

Lamb.
> **Lamu.**/*LAH-mooh.*
> **Kohitsuji.**/*KOH-heeh-tsooh-jeeh.*

Lamb chop.
> **Lamu-choppu.**/*LAH-mooh-CHAH-pooh.*

Pork.
> **Butaniku.**/*booh-TAH-neeh-kooh.*

Pork chop.
> **Pooku-choppu.**/*POOH-kooh-CHAH-pooh.*

Seafood • Sakana • *SAH-kah-nah*

Cod.
> **Tara.**/*TAH-rah.*

Crab.
> **Kani.**/*KAH-neeh*.

Fish.
> **O-sakana.**/*oh-SAH-kah-nah*.

Lobster.
> **Ise-ebi.**/*EEH-say-AY-beeh*.

Mackerel.
> **Saba.**/*SAH-bah*.

Oyster.
> **Kaki.**/*KAH-keeh*.

Salmon.
> **Sa-ke.**/*SAH-kay*.
> **Saamon**/*SAH-ah-mone*.

Salmon roe.
> **Ikura.**/*EEH-kooh-rah*.

Seabass.
> **Shibasu.**/*sheeh-BAH-sooh*.

Shrimp.
> **Ebi.**/*AY-beeh*.

Tuna.
> **Maguro**/*mah-GOOH-roh*.

Yellowtail.
    Buri/*BOOH-reeh.*
    Hamachi./*hah-MAH-cheeh.*

Dairy • NYUU-seihin • *NYOOH-ooh-say-hin*

Butter.
    Batah/*BAH-tah.*
Cheese.
    Chiizu/*CHEEH-eeh-zooh.*
Cream.
    Kurimu./*kooh-REE-mooh.*
Egg.
    Tamago./*tah-MAH-goh.*
Milk.
    Miruku./*MEEH-rooh-kooh.*

Grains • Kokurui • *KOH-kooh-rooh-eeh.*

Noodles • **Men** • *mehn.*

Barley.
> **Oh-mugi**/*oh-MOOH-gheeh.*

Buckwheat.
> **Soba-ko.**/*SOH-bah-koh.*

Flax.
> **Ama**/*AH-mah.*

Oat.
> **Karasu-mugi**/*KAH-rah-sooh-mooh-gheeh.*
>> Oatmeal.
>>> **Ohtomiiru**/*OH-toh-meeh-eeh-rooh.*

Popcorn.
> **Popkon**/*POP-kohn.*

Rice.
> **O-kome**/*oh-KOH-may.*
>> Brown rice.
>>> **Gen-mai**/*GEN-migh.*
>> Saffron rice
>>> **Safuran-raisu**/*SAH-fooh-ahn-RIGH-sooh.*

Spaghetti.
> **Supageti.**/ *sooh-pah-GHET-eeh.*

Wheat.
> **Komugi**/ *koh-MOOH-gheeh.*
> Whole wheat.
>> **Zen-ryu.**/ *ZEN-reeh-yooh-koh.*
> Wheat noodle.
>> **Udon.**/ *OOH-dohn.*

Vegetables • yasai • *yah-SIGH.*

Asparagus.
> **Asuparagasu.**/ *AH-sooh-pah-RAH-gah-sooh.*

Avocado.
> **Abocaddo.**/ *ah-boh-KAH-doh.*

Broccoli.
> **Burokkori.**/ *booh-ROCK-kooh-reeh.*

Bean sprouts.
> **Moyashi.**/ *mh-YAH-sheeh.*

Brussel sprouts.
> **Mekyabetsu**/ *MAY-keeh-ah-beh-tsooh.*

Cabbage.
> **Kyabetsu.** / *k'yaw-BEHT-sooh.*

Carrot.
> **Ninjin** / *NIN-jin.*

Celery.
> **Serori** / *SAIR-oh-reeh.*

Corn.
> **Toumorokoshi** / *TOOH-moh-roh-KOH-sheeh.*

Cucumber.
> **Kyuuri.** / *kew-OOH-reeh.*

Eggplant.
> **Nasu.** / *NAH-sooh.*

Kale.
> **Keil.** / *kayl.*

Lettuce.
> **Retasu.** / *ray-TAH-sooh.*

Mushroom.
> **Kinoko.** / *KEEH-noh-koh.*
> **Shiitake** / *SHEEH-eeh-TAH-kay.*

Onion.
> **Tama-negi.** / *tah-mah-NAY-gheeh.*

Tomato.
> **Tomato.**/*toh-MAH-toh.*

Fruit • Kudamono • *kooh-dah-MOH-noh*

Apple.
> **Ringo.**/*REEN-goh.*

Banana.
> **Banana.**/*bah-NAH-nah.*

Blackberry.
> **Burakkuberi.**/*booh-rack-kooh-BAY-reeh.*

Blueberry.
> **Bruuberii.**/*brooh-ooh-BAY-reeh-eeh.*

Raspberry.
> **Razuberii.**/*rah-zooh-BAY-reeh-eeh.*

Strawberry.
> **Ichigo.**/*EEH-cheeh-goh.*
> **Sutoroberii.**/*sooh-TOH-roh-bay-reeh-eeh.*

Cherry.
> **Sakuranbo.**/*sah-kooh-RAHN-boh.*
> **Cherii.**/*CHAY-reeh-eeh.*

Grape.
> **Budoo.**/*BOOH-dooh*.
> **Gureepu.**/*gooh-RAY-pooh*.

Grapefruit.
> **Gureipu-furuutsu**/*gooh-RAY-pooh-fooh-root-sooh*.

Kiwi.
> **Kiwi**/*KEEH-weeh*.

Kumquat.
> **Kinkan.**/*KIN-kan*.

Lemon.
> **Remon**/*RAY-mon*.

Mango.
> **Mango**/*MAHN-goh*.

Melon.
> **Meron.**/*MEH-rohn*.

Orange.
> **Orenji**/*oh-RAIN-jeeh*.

Papaya.
> **Papaiya**/*pah-PIGH-yah*.

Peach.
> **Momo**/*MOH-moh*.
> **Piichi.**/*peeh-EEH-cheeh*.

Pear.
> **Nashi** / *NAH-sheeh*.

Pineapple.
> **Painappuru.** / *pah-EEN-ah-pooh-rooh*.

Plum.
> **Ume** / *OOH-may*.

Raisin.
> **Reizun** / *RAY-zun*.

Tangerine.
> **Mikan.** / *meeh-KAHN*.

Watermelon.
> **Suika.** / *SOOH-eeh-kah*.

Nuts • Nattsu • *NAH-tsooh*.

Almond.
> **Amondo.** / *ah-MOHN-doh*.

Cashew.
> **Kashu-nattsu.** / *KAH-shooh-NAH-tsooh*.

Chestnut.
> **Kuri.** / *KOOH-reeh*.

Hazelnut.
> **Hezeru-nattsu.**/*HAY-zay-rooh-NAH-tsooh.*

Peanut.
> **Piinattsu.**/*peeh-NAH-tsooh.*

Pecan.
> **Pikan.**/*peeh-KAHN.*

Pine nut.
> **Matsu-no-mi.**/*MAH-tsooh-NOH-meeh.*

Pistachio.
> **Pisutachio.**/*PEEH-sooh-tah-cheeh-oh.*

Walnut.
> **Kurumi.**/*kooh-ROOH-meeh.*

Bakery • **Beekarii** • *bay-ay-kah-REEH-eh*

Dessert • **Dezato** • *deh-ZHA-toh.*

Bread.
> **Pan.**/*pahn.*

Cake.
> **Keiki**/*KAY-keeh.*
>> Chocolate cake.
>>> **Chokoreito-keiki.**/*chah-koh-RAY-toh-kay-keeh.*

Cookie.
> **Kukki.**/*KOOH-keeh.*

Creampuff.
> **Shukurimu.**/*shooh-kooh-REEH-mooh.*

Ice cream.
> **Aisu-kuriimii.**/*EYE-sooh-kooh-REEH-eeh-meeh-eeh.*

Pie.
> **Pai.**/*pigh.*
>> Cherry pie.
>>> **Cherii-pai.**/*CHAIR-eeh-pigh.*
>> Lemon pie.
>>> **Remon-pai.**/*RAY-mohn-pigh.*

Pudding; custard.
> **Purin.**/*POOH-rin.*

Rolls.
Rooru-pan./*ROOH-rooh-pahn.*

Spices & Flavorings • **Kohshin-ryoh;**

Supaisu • *KOH-shin-reeh-oh; sooh-PIGH-sooh.*

Basil.
Beejil./*BAY-AY-jill.*
Bay leaves.
Bei-riifu./*BAY-eeh-reeh-eeh-fooh.*
Cayenne.
Kaiyan./*kigh-YAHN.*
Chili pepper (Japanese).
Shichimi./*SHEEH-cheeh-meeh.*
Cinnamon.
Shinamon./*SHEEH-nah-mohn.*
Garlic.
Ninniku; gaalik'./*NEEN-neeh-kooh; GA-AH-leek*

Onion.
> **Tamanegi.** / *tah-mah-NAY-gheeh.*

Oregano.
> **Oregano.** / *oh-RAY-gah-noh.*

Pepper.
> **Koshoo.** / *KOH-shooh.*

Rosemary.
> **Roozumarii.** / *ROH-oh-zooh-MAH-reeh-eeh.*

Sage.
> **Seiji.** / *SAY-eeh-jeeh.*

Salt.
> **Shio.** / *SHEEH-oh.*

Soy sauce.
> **Shoyu.** / *SHOH-yooh.*

Sugar.
> **Satoh.** / *SAH-toh.*

Vinegar.
> **Su.** / *sooh.*

Tableware • *Shokki* • *SHOH-kee.*

Chopsticks.
> **O-hashi.**/*oh-HAH-sheeh*.

Cup.
> **Koppu.**/*KOH-pooh*.

Fork.
> **Fooku.**/*FOOH-kooh*.

Glass.
> **Gurasu.**/*gooh-RAH-sooh*.
> **Koppu.**/*KOH-pooh*.

Knife.
> **Naifu.**/*NIGH-fooh*.

Napkin.
> **Napkin.**/*NAP-kin*.

Plate.
> **O-sara.**/*oh-SAH-rah*.

Spoon.
> **Spohn.**/*SPOON*.

Table.
> **Teburu.**/*TAY-booh-rooh*.
>> Tablecloth.
>>> **Teiburu-kurosu.**/*TAY-booh-rooh-KOOR-oh-sooh*.

Cooking Utensils • Chori-kigu • *CHOH-reeh-key-gooh.*

Carving knife.
Niku-kiri-naifu./*NEEH-kooh-keeh-reeh-NIGH-fooh.*

Cooking chopsticks.
Ryori-bashi./*reeh-YOH-reeh-bah-sheeh.*

Ladle.
Otama./*oh-TAH-mah.*

Pan.
Nabe./*NAH-bay.*

Frying pan.
Furai-pan./*fooh-RIGH-pahn.*

Age-nabe./*AH-gay-nah-bay.*

Pot.
Potto./*POH-toh.*

Coffee pot.
Kohii-potto./*KOH-heeh-eeh-PAH-toh.*

Teapot.
> **Tee-potto.** / *teeh-PAH-toh.*

Spatula.
> **Hera.** / *HAY-rah.*

Preparation • **Chouri** • *CHOOH-reeh.*

Baked.
> **Yaita.** / *YIGH-tah.*

Boiled.
> **Nita.** / *NEEH-tah.*
>> Boiled in sauce.
>>> **Sousu-de-nita.** / *SOOH-sooh-deh-NEEH-tah.*
>> Boiled in water.
>>> **Yudeta.** / *yooh-DAY-tah.*

Fried.
> **Aburade-ageta.** / *ah-booh-RAH-day-ah-jay-tah.*
>> Stir-fried.
>>> **Itameta.** / *ee-tah-MEH-tah.*

Grilled.
> **Yaita.**/*YIGH-tah*.

Raw.
> **Nama.**/*NAH-mah*.

Sauteéd.
> **Itameta.**/*EEH-tah-MAY-tah*.

Steamed.
> **Mushita.**/*MOOH-sheeh-tah*.

17 • juu-shichi

Drinking • Nomimono • noh-meeh-MOH-noh

I'd like a drink; I need a drink.
> **Nomitai-desu.** / *NOH-meeh-tigh-dess'.*
> **Nanika-nomitai-desu.** / *NAH-neeh-kah-noh-meeh-tigh-dess'.*

Would you drink something?
> **Nanika-nomitai-desuka?** / *NAH-neeh-kah-NO-meeh-tigh-des-sooh-kah?*

Let's drink.
> **Nomimasho.** / *noh-meeh-MAH-shoh.*

Cheers!
> **Kanpai!** / *kahn-PIGH.*

I am drinking a martini.
> **Watashiwa-martini-wo-nondemasu.** / *wah-TAH-sheeh-wah-mar-TEEH-neeh-wo-non-day-MAHS'.*

I'd like a beer.
> **Biiru-ga-hoshii-desu.** / *beeh-EEH-rooh-gah-HOH-sheeh-dess'.*

One more, please.
> **Mo-ippai-kudasai.** / *moh-EEH-pigh-KOOH-dah-sigh.*

I'm going to buy beer.
> **Biiru-wo-kaini-ikimasu.** / *beeh-EEH-rooh-woh-KIGH-neeh-eeh-keeh-MAH-sooh.*

White wine; red wine.
> **Shiro-wain; aka-wain.** / *SHEEH-roh-wine; AH-kah-wine.*

I'm going to drink sake.
> **O-sake-o-nomimasu.**/*oh-SAH-kay-oh-NOH-meeh-MAHS'.*

Would you like some sake?
> **O-sake-o-nomimasuka?**/*oh-SAH-kay-oh-NOH-meeh-MAH-skah?*
>
> **O-sake-ikagadesuka?**/*oh-SAH-kay-eeh-kah-gah-DESS-kah?*

Would you like some tea?
> **Ocha-wa-ikaga-desu-ka?**/*OH-chah-wah-eeh-KAH-gah-dess-kah?*

Please give me some tea.
> **Ocha-wo-kudasai.**/*OH-chah-woh-KOOH-dah-sigh.*

Not right now.
> **Ima-wa-kekko-desu.**/*EEH-mah-wah-KAY-koh-dess'.*

When are you going to drink?
Itsu-nomimasuka?/*EET-sooh-NOH-meeh-mah-sooh-kah?*

What are you going to drink?
Nanika-nomimasenka?/*NAH-neeh-kah-noh-meeh-mah-SEN-kah?*
Nani-wo-nomimasuka?/*NAH-neeh-woh-NOH-meeh-MAH-skah?*

Drinks • **Nomi-mono** • *noh-meeh-MOH-noh.*

Beer.
Biirru./*beeh-EEH-rooh.*
Dark beer.
Daaku-biiru./*DAH-ah-kooh-beeh-EEH-rooh.*
Light beer.
Laito-biirr./*kLIGH-toh-beeh-EEH-rooh.*

Bourbon.
>**Baabon.**/*bah-AH-bohn.*

Brandy.
>**Burandii.**/*book-RAHN-deeh-eeh.*

Champagne.
>**Shanpan.**/*shan-PAN.*

Gin.
>**Jin.**/*gin.*

Liqueur.
>**Rikyuuru.**/*REEH-kee-yooh-rooh.*

Rum.
>**Ramu.**/*RAHM-ooh.*

Sake (rice wine).
>**O-sake.**/*oh-SAH-kay.*
>>Chilled sake.
>>>**Reishu.**/*RIGH-shooh.*
>>
>>Hot sake.
>>>**Atsukan.**/*AHT-sooh-kahn.*

Scotch.
>**Sukoochi.**/*sooh-KOH-oh-cheeh.*

Tequila.
>**Tekira.**/*tay-KEEH-rah.*

Vodka.
> **Uokka.**/*ooh-OH-kah.*

Water.
> **O-Mizu.**/*oh-MEEH-zooh.*

Wine.
> **Wain.**/*wine.*
>> Red wine.
>>> **Aka-wain.**/*AH-kah-wine.*
>> White wine.
>>> **Shiro-wain.**/*SHEEH-roh-wine.*

18 • juu-hachi • *jooh-ooh-HAH-cheeh*

Telephone • Denwa • *DEN-wah*

I will make a call.
> **Denwa-o-kake-masu.** / *DEHN-wah-oh-kah-kay-MAH-sooh.*

I need to make a call to LA. (Los Angeles)
> **ROSU-ni-denwa-o-kaketai-desu.** / *ROH-sooh-neeh-DEHN-wah-oh-kah-kay-TIGH-dess'.*

Telephone number.
> **Denwa-bangou.**/*DEHN-wah-bahn-gooh.*

What is your telephone number?
> **Denwa-bangoh-wa-nan-ban-desu-ka?**/*DEHN-wah-bahn-gooh-wah-NAHN-bahn-dess'kah?*

The phone number is…
> **Denwa-bangou-wa-(number here)-desu.**/*DEHN-wah-BAHN-gooh-wah-(number here)-dess'.*

Who is it?
> **Donata-desu-ka?**/*DOH-nah-tah-DESS'-kah?*

The line is busy.
> **Hanashichuh-desu.**/*hah-NAH-sheeh-chooh-dess'.*

Hello. Ken speaking.
> **Moshi-moshi-Ken-to-moshimasu.**/*MOH-sheeh-moh-sheeh-KEHN-toh-moh-sheeh-MAH-sooh.*

Cell phone.
> **Keitai.**/*KAY-tigh*.

19 • juu-kyu • jooh-ooh-KEEH-yooh

Shopping • Kaimono • kigh-MOH-noh

What time does the store open?
> **Omise-wa-nanji-kara-desu-ka?** / *oh-MEEH-seh-wah-NAHN-jeeh-kah-rah-dess-kah?*

It opens until six p.m.
> **Gogo-roku-ji-made-desu.** / *goh-goh-ROH-kooh-jeeh-MAH-day-dess'.*

I'm just looking around.
> **Miteiru-dake-desu.**/*meeh-TAY-rooh-DAH-kay-dess'.*

How much does it cost?
> **Ikura-desuka?**/*EEH-kooh-rah-dess'-kah?*

How much is this one?
> **Kore-wa-ikura-desuka?**/*KOH-ray-wah-EEH-kooh-rah-dess'kah?*

How much is that one?
> **Sorewa-ikura-desuka?**/*SOH-ray-wah-EEH-kooh-rah-dess'kah?*

Here is your change.
> **Otsuri-desu.**/*oh-TSOOH-reeh-dess'.*

Is this okay?
> **Kore-de-ii-desu-ka?**/*KOH-ray-deh-EEH-eeh-dess'-kah?*

No, not this one.
> **Ie-kekko-desu.**/*EEH-ay-kay-koh-dess'.*

That's fine.
> **Sore-de-ii-desu.**/*SO-ray-deh-EEH-eeh-dess'*.

I'd like this one.
> **Kore-ga-hoshii-desu.**/*KOH-ray-gah-hoh-sheeh-eeh-dess'*.
> **Kore-o-kudasai.**/*KOH-ray-oh-KOOH-dah-sigh*.

I lost my billfold.
> **O-saifu-wo-nakushimashita.**/*oh-SIGH-fooh-eeh-woh-nah-KOOH-sheeh-MAH-stah*.

20 • ni-ju • neeh-JOOH

Activities • Katsudo • kah-TSOOH-doh

Would you like to take a walk?
> **Sanpo-ni-ikitai-desuka?** / *SAN-poh-neeh-EEH-keeh-tigh-DESS-sooh-kah?*

Let's go for a walk.
> **Sanpo-ni-ikimasho!** / *SAN-poh-neeh-EEH-keeh-mah-shoh!*

This way is better.
> **Kocchino-hoga-iides.** / *KOH-cheeh-noh-HOH-gah-eeh-eeh-dess.*

Let's have a meal.
>
> **Shokuji-ni-shima-shoh.**/*shoh-KOOH-jeeh-neeh-SHEEH-mah-shoh.*

Let's play cards.
>
> **Toranpu-wo-shima-shoh.**/*toh-RAHN-pooh-woh-sheeh-MAH-shoh.*

Would you like to watch TV?
>
> **Terebi-wo-mitai-desuka?**/*tay-RAY-beeh-woh-meeh-tigh-DEH-sooh-kah?*

Yes. Please turn it on.
>
> **Hai. Tsukete-kudasai.**/*TSOO-kay-tay-kooh-dah-sigh.*

Which channels do you prefer?
>
> **Dono-channeru-ni-shimasuka?**/*Doh-noh-CHAH-nay-rooh-neeh-sheeh-MASH-'kah?*

Could you go shopping?
>
> **Kaimono-wo-onegai-shimasu.**/*kigh-MOH-noh-woh-oh-nay-GUY-shee-mahs.*

Let's have something to eat.
Nani-ka-tabe-mashoh./*NAH-neeh-kah-tah-bay-MAH-shoh.*

Say it again, please, very slowly.
Mo-ichido-itte-kudasai,motto-yukkuri./*moh-EEH-CHEEH-doh-EEH-tayKOOH-dah-sigh,MOH-toh-yooh-KOOH-reeh.*

How do you say 'cute' in Japanese?
Nihongo-de-'cute'-wa-nanto-iimasuka?/*neeh-HON-goh-deh-'cute'-wah-nahn-toh-EEH-eeh-MAHS'-kah?*

21 • ni-juu-ichi • *neeh-jooh-ooh-EEH-cheeh*

Colors • Iro • *EE-roh*

The first word listed is the noun, the second the adjective. For a few colors, like "gray"/**Haiiro.**/*hah-EEH-eeh-roh*, they're the same word.

Black.
    Kuro; kuro-i / *kooh-ROH; kooh-ROY.*
Blue.
    Ao; aoi./ *ah-OH; ah-OH-ee.*
Brown.
    Chairo; chairo-i./*KIGH-roh; KIGH-roy.*

Gray.
> **Haiiro.** / *hah-EEH-eeh-roh.*
> **Guree.** / *gooh-RAY-ay.*

Green.
> **Midori.** / *meeh-DOH-reeh.*

Orange.
> **Orenji.** / *oh-RAIN-jeeh.*

Pink.
> **Pinku.** / *PEEN-kooh.*

Purple.
> **Murasaki.** / *mooh-rah-SAH-keeh.*

Red.
> **Aka; akai.** / *AH-kah; ah-KIGH-eeh.*

White.
> **Shiro; shiroi.** / *sheeh-ROH; sheeh-ROY.*

Yellow.
> **Ki-iro; ki-iroi.** / *keeh-EEH-roh; keeh-EEH-roy.*

22 • ni-juu-ni • *neeh-jooh-ooh-NEEH*

Everyday Words & Phrases
Nichjou-yogo • *NEEH-cheeh-jooh-YOH-goh*

Able.
  Were you able to do it?
    Deki-mashita-ka?/*DAY-keeh-MAH-sheeh-tah-kah?*

Above.
>**Ue.**/*OOH-ay*.

Address.
>**Juusho.**/*JOOH-ooh-shoh*.

Aching.
>**Itai.**/*EEH-tigh*.

Afternoon.
>**Gogo**/*GOH-goh*.

After; afterwards; later.
>**Ato-de.**/*AH-toh-deh*.

Again.
>**Mata.**/*mah-TAH*.

Age.
>**Toshi.**/*TOH-sheeh*.

Agree, I.
>**Do-kan.**/*DOH-kahn*.

Air conditioning.
>**Eakon.**/*eeh-AY-kohn*.

Airplane.
>**Hikooki.**/*heeh-KO-OH-keeh*.

Airport.
>**Kuukou.**/*kooh-OOH-kooh*.

Aisle (in a wedding).
> **Vajin-rodo.**/*VAH-jin-ROH-doh* (virgin road).

Alarm clock.
> **Meza-mashi.**/*MAY-zah-MAH-sheeh.*
> **Alaamu.**/*ah-LAH-ah-mooh.*

Alcohol.
> **Arukoru.**/*AH-rooh-koh-rooh.*

Alone.
> **Hitori-de.**/*heeh-TOH-reeh-deh.*

Already.
> **Mou.**/*mou.*
> **Sudeni.**/*sooh-day-NEEH.*

Alright.
> **Ketko.**/*KETT-koh.*

All right.
> **Daijobu.**/*DIGH-joh-booh.*
>> Is everything all right?
>>> **Daijobu-desuka?**/*DIGH-joh-booh-dess'-kah?*

Always.
> **Itsumo.**/*eet-SOOH-moh.*

a.m.
>**Gozen.**/*GOH-zen*.

And.
>**To.**/*tow*.

And then.
>**Sorekara.**/*so-ray-KAH-rah*.

Ankle.
>**Ashi-kubi.**/*AH-sheeh-kooh-beeh*.

Apartment.
>**Apaato.**/*ah-PAH-ah-toh*.

Appetite.
>**Shoku-yoku.**/*SHOH-kooh-YOH-kooh*.

Appetizers.
>**Zensai.**/*ZEN-sigh*.

Apple.
>**Ringo.**/*RIN-goh*.

Appointment.
>**Apo.**/*AH-poh*.

Approximately.
>**Oyoso.**/*oh-YOH-soh*.
>**Daitai.**/*DIGH-tigh*.

Arm.
> **Ude.**/*OOH-day*.

Arrive.
> **Tsukimasu (Tsuku).**/*tsooh-keeh-MAH-sooh (TSOOH-kooh)*.
> **Touchaku.**/*tooh-CHAH-kooh*.

Ask.
> **Kikimasu (Kiku).**/*KEEH-keeh-MAH-sooh (KEEH-kooh)*.
>> I'll ask.
>>> **Kiittemimas.**/*keeh-TAY-meeh-mahs*.

Aunt.
> **Oba-san.**/*OH-bah-sahn*.

Avocado.
> **Abocaddo.**/*ah-boh-KAH-doh*.

Baby.
> **Akachan.**/*AH-kah-chan*.

Back (of body).
> **Senaka.**/*sen-NAH-kah*.

Backpack.
> **Ryukkusakku.**/*ree-YOOH-kooh-sah-kooh*.

Bakku-pakku./*BAK-kooh-PAH-kooh*.
(We're, I'm) back.
Ta-daima./*tah-DIGH-mah*.
Bad.
Warui./*wah-ROOH-eeh*.
Bakery.
Pan-ya./*PAHN-yah*.
Beekarii./*BAY-kah-reeh-eeh*.
Bank.
Ginko./*GHIN-koh*.
Bargain.
Baagen./*BAH-ah-ghen*.
Sale: **Seeru.**/*say-AH-rooh*.
Basement.
Chika./*CHEEH-kah*.
Bathroom (with shower or bathtub).
O-furoba./*oh-fooh-ROH-bah*.
Battery.
Denchi./*DEHN-cheeh*.
Be able.
Dekimasu (Dekiru)./*DEH-keeh-MAH-sooh (deh-KEEH-rooh)*.

Beautiful.
Kirei-na./*KEEH-ray-eeh-nah.*
Beautiful woman.
Bijin./*BEEH-gin.*
Beautiful man.
Binan./*BEEH-nahn.*

Because; so.
Nazenara./*nah-zay-NAH-rah.*

Bed.
Beddo./*BEH-doh.*

Beef.
Gyu-niku./*GYOOH-neeh-kooh.*
Biifu./*BEEH-eeh-fooh.*

Beer.
Biiru./*beeh-EEH-rooh.*

Before; in front of.
Mae-ni./*MAH-eh-neeh.*

Belly, stomach.
Onaka./*OH-nah-kah.*
I./*eeh.*

Below; beneath.
Shita-ni./*SHEEH-tah-neeh.*

Bib.
> **Yodare-kake.**/*yoh-DAH-ray-KAH-kay.*

Big.
> **Ohkii.**/*oh-KEEH-eeh.*

Bike (bicycle).
> **Jitensha.**/*ji-TEN-shah.*
>> Motor bike.
>>> **Ooto-bai.**/*OOH-toh-bigh.*

Billfold.
> **O-saifu.**/*sigh-EEH-fooh.*
>> I lost my billfold.
>>> **O-saifu-wo-nakushi-mashita.**/*oh-SIGH-eeh-fooh-woh-nah-kooh-sheeh-MAH-sheeh-tah.*

Bills.
> **O-satsu.**/*oh-SAH-tsoo.*

Birthday.
> **O-tanjobi.**/*OH-tahn-JOH-beeh.*

Bitter.
> **Nigai.**/*NEEH-Guy.*

Black.
> **Kuro; kuro-i** / *kooh-ROH; kooh-ROY.*
>> Black tea.
>>> **Kocha.** / *KOH-chah.*

Blazer.
> **Bureza.** / *booh-RAY-sah.*

Bleed.
> **Chiga-deru.** / *CHEEH-kah-day-rooh.*
> **Shukketsu-suru.** / *shooh-KEHT-sooh-sooh-rooh.*

Blood.
> **Chi.** / *cheeh.*
> **Ketsueki.** / *ket-sooh-AY-keeh.*

Blue.
> **Ao; aoi.** / *ah-OH; ah-OH-eeh.*

Body.
> **Karada.** / *kah-RAH-dah.*

Book.
> **Hon.** / *hohn.*

Boring.
> **Tsumaranai.** / *TSOOH-mah-rah-NIGH.*

Bottle.
> **Bin.** / *bin.*

Box.
>**Hako.**/*HAH-koh.*

Boy.
>**Otoko-no-ko.**/*oh-TOH-koh-NOH-koh.*

Brain.
>**Noh.**/*noh.*
>**Atama.**/*AH-tah-mah.*

Brake (parking).
>**Saido-bureki.**/*SIGH-doh-booh-RAY-keeh.*

Bread.
>**Pan.**/*pahn.*

Breakfast.
>**Asa-gohan.**/*AH-sah-GOH-hahn.*

Bright.
>**Akarui.**/*AH-kah-rooh-eeh.*

Bring.
>**Mottekimasu (Mottekuru).**/*MOH-tay-keeh-MAH-sooh (MOH-tay-kooh-rooh).*
>Can we bring you something?
>>**Nanika-mottekimashuka?**/*NAH-neeh-kah-MOH-tay-keeh-MAH-shooh-kah?*

Brother.
> **Kyoodai.**/*keeh-oh-OH-digh.*
>> Brother-in-law.
>>> **Giri-no-kyodai.**/*GHEEH-reeh-noh-keeh-oh-digh.*

Brown.
> **Chairo; chairo-i.**/*KIGH-roh; KIGH-roy.*

Buffet (all you can eat).
> **Baikingu.**/*BIGH-kin-gooh.*

Building.
> **Biru.**/*BEEH-rooh.*

Business.
> **Shigoto.**/*SHEEH-goh-toh.*
> **Bizinessu.**/*BEEH-zeeh-neh-sooh.*
>> Business card.
>>> **Meishi.**/*may-EEH-sheeh.*

Busy.
> **Isogashii.**/*EEH-soh-GAH-sheeh-eeh.*

But.
> **Shikashi.**/*sheeh-KAH-sheeh.*
> **Demo.**/*DEH-moh.*

Butcher.
>   **Niku-ya.**/*neeh-kooh-YAH*.

Butt, buttocks.
>   **Hippu.**/*HEEH-pooh*.
>   **Oshiri.**/*oh-SHEEH-reeh*.

Butter.
>   **Batah**/*BAH-tah*.

Buy.
>   **Kaimasu (Kau).**/*kigh-MAH-sooh.*/*(Kow)*.
>   I will buy something.
>   >   **Nanika-kaimasu.**/*NAH-neeh-kah-kigh-MAH-sooh*.

By the way.
>   **Tokorode.**/*toh-koh-ROH-deh*.

Cabbage.
>   **Kyabetsu.**/*k'yaw-BEHT-sooh*.

Cabin attendant.
>   **Kyabin-atendanto.**/*keeh-YAH-bin-ah-tehn-DAN-toh*.

Cabinet.
>   **Tana.**/*TAH-nah*.

Café.
>   **Kissa-ten.**/*keeh-SAH-tehn*.

Cake.
    Café./*kah-FEEH.*
    Keki./*KAY-keeh.*

Calf, calves.
    Kowsi./*KOW-seeh.*

Call.
    Yobimasu (Yobu)./*YOH-beeh-MAH-sooh (YOH-booh).*

Camera.
    Kamera./*KAH-may-rah.*

Can.
    Dekimasu (Dekiru)./*DAY-keeh-MAH-sooh (day-KEEH-rooh).*

Cap.
    (for bottles): **Kyappu.**/*keeh-YAH-pooh.*
    (for wearing): **Boushi.**/*booh-OOH-sheeh.*

Car.
    Jidoosha./*jeeh-DOH-oh-shah.*
    Kuruma./*kooh-ROOH-mah.*
    I will get the car.
        Kuruma-wo-motte-kimas./*kooh-ROOH-mah-woh-MOH-tay-keeh-mas.*

Cards (playing).
>	**Toranpu.**/*toh-RAHN-pooh.*

Cash.
>	**Gen-kin.**/*GHEN-kin.*
>	**Kyasshu.**/*keeh-YAH-shooh.*

Cat.
>	**Neko.**/*NAY-coh.*
>>	Kitty.
>>>	**Koneko.**/*koh-NEH-koh.*

Cell phone.
>	**Keitai.**/*KAY-tigh.*

Ceremony.
>	**Shiki.**/*SHEEH-keeh.*
>	**Seremonii.**/*say-ray-MOH-neeh-eeh.*

Chair.
>	**Isu.**/*EEH-sooh.*

Champagne.
>	**Shanpan.**/*shan-PAN.*

Change (money).
>	**Otsuri.**/*oht-SOOH-reeh.*

Cheap (value).
>	**Yasui.**/*yah-SOOH-eeh.*

Cheap (person).
> **Kechi.**/*KAY-cheeh.*

Check.
> **Denpyo.**/*DEHN-peeh-oh.*
> **Okanjo.**/*oh-KAHN-joh.*

Cheek.
> **Hoho.**/*HOH-hoh.*
> **Hoppeta.**/*hoh-PEH-tah.*

Cheers (in a toast)!
> **Kanpai.**/*kahn-PIGH.*

Chest.
> **Mune.**/*MOOH-nay.*

Chest of drawers.
> **Tansu.**/*TAHN-sooh.*

Chestnut.
> **Kuri.**/*KOOH-reeh.*

Chicken.
> **Tori-niku**/*TOH-reeh-neeh-kooh.*
> **Chicken.**/*CHEEH-kehn.*

Child.
> **Kodomo.**/*koh-DOH-moh.*
> **Oko-san.**/*OH-koh-sahn.*

Chin.
> **Ago.**/*AH-goh.*

China.
> **Chuugoku.**/*chooh-OOH-g oh-kooh.*

Christmas.
> **Kurisumasu.**/*KOOH-reeh-sooh-MAH-sooh.*

Clam.
> **Kai.**/*Kigh.*

Clean.
> **Kirei.**/*keeh-RAY-eeh.*
> **Seiketsu.**/*SAY-keh-tsooh.*

Cleaners.
> **Sentakuya.**/*SEHN-tah-KOOH-yah.*
> **Kurina.**/*kooh-REEH-nah.*

Client.
> **O-kyaku-san.**/*oh-keeh-YAH-kooh-sahn.*

Clock.
> **Tokei.**/*TOH-kay-eeh.*

Close, near (adjective).
> **Chikai.**/*CHEEH-kigh.*

Close (verb).
> **Shimemasu (shimeru).**/*SHEEH-may-MAH-sooh (sheeh-MAY-rooh).*

Closed (store, restaurant is...)
> **Heiten.**/*HIGH-ten.*

>> Open.
>>> **Kaiten.**/*KAY-ten.*

Closet.
> **Kurozeto.**/*kooh-ROH-zay-toh.*
> **Oshi-ire.**/*oh-sheeh-EEH-ray.*

Cod balls.
> **Shirako.**/*sheeh-RAH-koh.*

Coffee.
> **Kohii.**/*KOH-heeh-eeh.*

>> Coffee shop.
>>> **Kissa-ten.**/*KEEH-sah-tehn.*

Coins.
> **Koin.**/*KOH-een.*
> **Kozeni.**/*koh-ZAY-nee.*

Cool.
> **Suzushii.**/*sooh-ZOOH-sheeh-eeh.*

Cold.
> **Samui.** / *sah-MOOH-eeh*.
>> Icy.
>>> **Tsumetai.** / TSOOH-*may-tigh*.
>> I have a cold.
>>> **Kaze-wo-hikimashita.** / *KAH-zay-woh-heeh-keeh-MAH-sheeh-tah*.

Color.
> **Iro.** / *EEH-roh*.

(Very) Convenient.
> **Totemo-benri.** / TOH-*tay-moh*-BIN-*reeh*.

Come.
> **Kuru.** / KOOH-*rooh*.
> **Kimasu.** / *keeh*-MAH-*sooh*.
>> Come back.
>>> **Kaerimasu (Kaeru).** / *kigh-reeh*-MAH-*sooh* (KIGH-*rooh*).
>> Come in.
>>> **Hairimasu (Hairu).** / HIGH-*reeh*-MAH-*sooh* (HIGH-*rooh*).

Commercial (TV).
  Shiiemu./*sheeh-eeh-AY-mooh.*
  Komaasharu./*koh-MAH-ah-shah-rooh.*
Complaint, claim.
  Kujoh./*KOOH-joh.*
Computer.
  Konpyuutaa./*kohn-peeh-YOOH-ooh-tah-ah.*
Congratulations.
  Omedetoh-gozaimasu./*oh-MEH-day-toh-goh-zigh-MAH-sooh.*
Convenience store.
  Konbini./*kahn-BEEH-neeh.*
Cook, chef (noun).
  Kokku./*KOH-kooh.*
Cook, Make (verb).
  Ryori-simasu (Ryori-suru)./*reeh-YOH-reeh-sheeh-MAH-sooh.*
  Tsukurimasu (Tsukuru)./*TSOOH-kooh-reeh-MAH-sooh (TSKOOH-rooh).*

I will make lunch now.
> **Ima-o-hiru-gohan-wo-tskurimasu.**/*EEH-mah-oh-HEEH-roh-goh-hahn-woh-TSKOOH-reeh-mahs'.*
> **O-hiru-gohan-no-yohi-wo-shimasu.**/*oh-heeh-ROOH-goh-han-noh-yoh-heeh-woh-sheeh-MAH-sooh.*
> **Ima-ryori-shimasu.**/*EEH-mah-reeh-yoh-reeh-sheeh-MAH-sooh.*

Cookie.
> **Kukki.**/*KOOH-keeh.*

Cooking; cuisine.
> **Ryori.**/*reeh-YOH-reeh.*

Core of hesitation (last piece of food on a shared plate).
> **En-ryono-katamari.**/*en-reeh-YOH-noh-kah-tah-MAH-reeh.*

Corner.
> **Kado.**/*KAH-doh.*
> **Koonaa.**/*KOH-oh-nah-ah.*

Correct.
> **Tadashii.**/*tah-dah-SHEEH-eeh.*

Cost (verb).
>   **Kakarimasu (Kakaru).**/*kah-KAH-reeh-MAH-sooh (kah-KAH-rooh).*

Cost (noun).
>   **Nedan.**/*NAY-dahn.*

Cousin.
>   **Itoko.**/*eeh-TOH-koh.*

Cow.
>   **Ushi.**/*OOH-sheeh.*

Crab.
>   **Kani.**/*KAH-neeh.*

Creampuff.
>   **Shukurimu.**/*shooh-kooh-REEH-mooh.*

Credit card.
>   **Kurejitto-kahdo.**/*kooh-RAY-jeeh-toh-KAH-doh.*

Crispy.
>   **Crispi.**/*KRIS-peeh.*
>   **Paritto.**/*pah-REEH-toh.*

Crowded.
>   **Kondeiru.**/*kon-DAY-rooh.*

Cup.
> **Chawan.**/*CHAH-wahn.*

Cupboard.
> **Todana.**/*toh-DAH-nah.*

Customer.
> **O-kyaku-san.**/*oh-keeh-YAH-kooh-sahn.*
>> Customer service.
>>> **Kasutamaa-saabisu**/*kah-sooh-TAH-mah-ah-SAH-ah-beeh-sooh.*

Cute.
> **Kawaii.**/*kah-WIGH-eeh.*
>> So cute!
>>> **Totemo-kawaii.**/*TOH-tay-moh-kah-WIGH-eeh-neh.*

Dad.
> **Papa.**/*PAH-pah.*
> **O-tousan.**/*oh-TOH-ooh-sahn.*

Danger (noun).
> **Kiken.**/*KEEH-kehn.*

Dangerous (adjective).
> **Kiken-na.**/*KEEH-kehn-nah.*

Abunai./*ah-BOOH-nigh.*

Dark.

Kurai./*kooh-RIGH.*

Daughter.

Musume./*MOOH-sooh-may.*

Day.

Date: **Hi.**/*heeh.*

During the day.

Nicchu./*neeh-CHOOH.*

Every day.

Main-ichi./*mah-een-EEH-cheeh.*

Day after tomorrow.

Asatte./*AH-sah-tay.*

Day before yesterday.

Ototoi./*oh-TOH-toy.*

Day off.

Yasumi./*yah-SOOH-meeh.*

Kyuujitsu./*keeh-YOOH-ooh-jeeh-tsooh.*

Daytime.

Hiru./*HEEH-rooh.*

Nicchuu./*NEEH-chooh-ooh.*

Delicious.
> **Oishii.** / *OY-sheeh-eeh.*

Very delicious.
> **Sugoku-oishii.** / *sooh-GOH-kooh-oy-sheeh-eeh.*

It was delicious.
> **Oishiikatta-desu.** / *OISH-kah-tah-dess'.*

Deluxe train.
> **Green-sha.** / *GREEN-shah.*

Dentist.
> **Ha-isha.** / *hah-EEH-shah.*

Department store.
> **Depaato.** / *day-PAH-ah-toh.*

Desk.
> **Tsukue.** / *tsooh-KOOH-ay.*
> **Desuku.** / *DEH-sooh-kooh.*

Dessert.
> **Dezato** / *day-ZAH-toh.*

Difficult.
> **Muzu-kashii.** / *MOOH-zooh-kah-sheeh-eeh.*

Dining room.
> **Shokudoo.**/*shoh-KOOH-doh-oh.*

Dinner.
> **Yoru-gohan.**/*yoh-rooh-GOH-hahn.*
> **Dinaa.**/*DEEH-nah-ah.*
> **Yuushoku.**/*yooh-ooh-SHOH-kooh.*

Dirty.
> **Kitanai.**/*keeh-tah-NIGH.*

Do.
> **Shimasu (suru).**/*shee-MAH-sooh (SOOH-rooh).*

Doctor.
> **Isha.**/*EEH-shah.*
> (polite) **Oisha-sama.**/*oh-EEH-shah-sah-mah.*

Dog.
> **Inu.**/*EEH-nooh.*
>> Puppy.
>>> **Ko-inu.**/*koh-EEH-nooh.*

Door.
> **Doa.**/*DOH-ah.*

Double.
> **Daburu.**/*dah-BOOH-rooh*.

Dress shirt.
> **Wai-shatsu.**/*wigh-SHA-tsooh*.

Drink (verb).
> **Nomimasu (Nomu).**/*NOH-meeh-MAH-sooh (NOH-mooh)*.

Drink (noun).
> **Nomimono.**/*NOH-meeh-MOH-noh*.

Driver.
> **Untenshu.**/*uhn-TEHN-shooh*.
> **Doraibaa.**/*doh-RIGH-bah-ah*.

Drugstore.
> **Yakkyoku**/*YAH-keeh-oh-kooh*.
> **Kusuri-ya.**/*kooh-SOOH-reeh-yah*.

Dry cleaner.
> **Sentakuya.**/*sehn-tah-KOOH-yah*.
> **Kuriningu-ya.**/*kooh-REE-neen-gooh-yah*.

Duck.
> **Kamo.**/*KAH-moh*.

Ear, ears.
> **Mimi.**/*MEEH-meeh*.

Early.
> **Hayai.**/*hah-YIGH-eeh.*
>> Still early.
>>> **Mada-hayai.**/*mah-dah-hah-YIGH-eeh.*

East.
> **Higashi.**/*heeh-GAH-sheeh.*

Easy.
> **Yasashii.**/*yah-sah-SHEE-eeh.*
> **Kantan-na.**/*kahn-than-NAH.*

Eat.
> **Tabemasu (Taberu).**/*TAH-bay-MAH-sooh (tah-BAY-rooh).*
> **Itadakimasu (Itadaku).**/*EEH-tah-dah-keeh-MAH-sooh (EEH-tah-DAH-kooh).*

Egg.
> **Tamago.**/*tah-MAH-goh.*

Eight.
> **Hachi.**/*HAH-cheeh.*

Either way.
> **Dotchi-demo.**/*DOHT-cheeh-DAY-moh.*

Elevator.
> **Erebeta.**/*AY-ray-BAY-tah.*

Eleven.
> **Juu-ichi.**/*jooh-ooh-EEH-cheeh.*

Email.
> **E-Meiru.**/*eeh-MAY-rooh.*

End.
> **Owari.**/*oh-WAH-reeh.*

England.
> **Igirisu.**/*eeh-jeeh-REEH-sooh.*
>> English language.
>>> **Ei-go.**/*Ay-EEH-goh.*
>> English person.
>>> **Igirisujin.**/*EEH-jeeh-reeh-SOOH-gin.*

Enough.
> **Jyuubun.**/*JYOO-ooh-boohn.*
>> No more, thanks.
>>> **Iie-mo-kekko-desu.**/*EEH-ay-moh-KAY-koh-dess'.*

Enter.
> **Hairimasu (Hairu).** / *high-reeh-MAH-sooh (HIGH-rooh).*

Entrance.
> **Iriguchi.** / *eeh-reeh-GOOH-cheeh.*

Escalator.
> **Esukareta.** / *eh-SOOH-kah-RAY-tah.*

Espresso.
> **Esupuresso.** / *ay-sooh-pooh-RESS-oh.*

Europe.
> **Yoroppa.** / *yoh-ROH-pah.*

Evening.
> **Yuugata.** / *yooh-ooh-GAH-tah.*
>> Good evening.
>>> **Konbanwa.** / *kohn-BAHN-wah.*

Every day.
> **Mainichi.** / *MAH-eeh-neeh-cheeh.*

Everyone.
> **Mina-sama.** / *MEEH-nah-SAH-mah.*
> **Mina-san.** / *MEEH-nah-sahn.*

Excellent.
> **Subarashii.** / *sooh-bah-RAH-sheeh-eeh*.

Exit.
> **Deguchi.** / *day-GOOH-cheeh*.

Expensive.
> **Takai.** / *tah-KIGH*.

>> Inexpensive.
>>> **Yasui.** / *yah-SOOH-eeh*.

Eye.
> **Me.** / *may*.

Eye doctor.
> **Me-isha.** / *may-EEH-shah*.
> **Ganka.** / *GAHN-kah*.

Eyebrow.
> **Mayu.** / *MAH-yooh*.

Eyeglasses.
> **Megane.** / *may-GAH-nay*.

Eyelash.
> **Matsuge.** / *mah-TSOOH-gay*.

Eyelid.
> **Mabuta.** / *mah-BOOH-tah*.

Family.
> **Kazoku.**/*kah-ZOH-kooh.*
> **Famirii.**/*fah-MEEH-reeh-eeh.*

Fantastic.
> **Subarashi.**/*sooh-bah-RAH-sheeh-eeh.*
> **Sugoi.**/*sooh-GOH-eeh.*

Far.
> **Tohi.**/*TOH-eeh.*

Fast.
> **Hayai.**/*hah-YIGH.*

Father.
> **Otoosan.**/*oh-TOH-oh-sahn.*
> **Chi-chi.**/*CHEEH-cheeh.*
>> Father-in-law.
>>> **Giri-no-otoosan.**/**Giri-no-chi-chi.**/*JEE-reeh-noh-oh-TOH-sahn/JEE-reeh-noh-CHEEH-cheeh.*

Faucet.
> **Jaguchi.**/*jah-GOOH-cheeh.*

Favorite.
> **Suki-na.**/*SOOH-keeh-nah.*
> **Okiniiri.**/*OH-keeh-neeh-eeh-reeh.*

Feeling.
> **Kibun.** / *keeh-BOON.*

Fever.
> **Netsu.** / *NEH-tsooh.*

Few.
> **Sukunai.** / *sooh-KOOH-nigh.*

Fight; do your best.
> **Faito.** / *FIGH-toh.*
> **Ganbatte.** / *gahn-BAH-tay.*

Final.
> **Saigo.** / *SIGH-goh.*
> **Fainaru.** / *figh-NAH-rooh.*

Finger, fingers.
> **Yubi.** / *YOOH-beeh.*

Finish.
> **Owarimasu (owaru).** / *oh-wah-reeh-MAH-sooh (oh-WAH-rooh).*

Finished, done.
> **Owatta.** / *oh-WAH-tah.*
> **Owarimashita.** / *oh-WAH-reeh-MAH-sheeh-tah.*

Fish.
> **Sakana.**/*SAH-kah-nah.*

Five.
> **Go.**/*goh.*

Flower.
> **O-hana.**/*oh-HAH-nah.*

Florist.
> **O-hanaya.**/*oh-hah-NAH-yah.*

Fly.
> **Tobimasu (Tobu).**/*toh-beeh-MAH-sooh (TOH-booh).*

Food.
> **Tabemono.**/*tah-bay-MOH-noh.*

Foot, feet.
> **Ashi.**/*AH-sheeh.*

Four.
> **Shi.**/*sheeh.*
> **Yon.**/*yohn.*

Forehead.
> **Hitai.**/*HEEH-tigh.*

Foreigner.
> **Gaijin.**/*GUY-jin.*

FRANCE.
> **Huransu.**/*hooh-RAHN-sooh.*

Free.
> **Jiyuh.**/*JEEH-yuh.*
> **Hima.**/*HEEH-mah.*
> (free of charge) **Muryou.**/*MOOR-yooh.*
> > **Tada.**/*TAH-dah.*

French fries.
> **Furaido-poteto.**/*foo-RIGH-doh-poh-TAY-toh.*

Fresh.
> **Atarashii.**/*ah-tah-rah-SHEEH-eeh.*
> **Shinsen-na.**/*SHIN-sehn-nah.*

Friday.
> **Kinyoobi.**/*KIN-yoh-oh-beeh.*

Friend.
> **O-tomodachi.**/*oh-toh-moh-DAH-cheeh.*

From.
> **Kara.**/*KAH-rah.*

Fruit.
> **Furuutsu.**/*fooh-ROOH-tsooh.*
> **Kudamono.**/*kooh-dah-MOH-noh.*

Fry.
> **Agemono.**/*ah-gay-MOH-noh*.
> **Furai.**/*FOOH-righ*.

Full.
> **Ippai.**/*EEH*-pigh [with stuff, or people]
> **Man-in.**/*mahn-IHN* [only with people]

Full tank (auto).
> **Mantan.**/*mahn-TAHN*.

Fun.
> **Tanoshii.**/*tah-noh-SHEEH-eeh*.

Furniture.
> **Kagu.**/*KAH-gooh*.

Garden.
> **Niwa.**/*NEEH-wah*.
> **Gaaden.**/*gah-AH-dehn*.

Gas station.
> **Gasorin-sutando.**/*gah-soh-REEN-sooh-TAHN-doh*.

Gauze.
> **Gaze.**/*GAH-zay*.

Genius.
> **Ten-sai.**/*TEHN-sigh*.

Get off.
> **Orimasu (Oriru).** / *oh-reeh-MAH-sooh (oh-REEH-rooh).*

Get on.
> **Norimasu (Noru).** / *noh-reeh-MAH-sooh (NOH-rooh).*

Girl.
> **Joshi.** / *JOH-sheeh.*
> **Onna-no-ko.** / *oh-nah-NOH-koh.*

Give.
> **Agemasu (Ageru).** / *ah-gay-MAH-sooh (ah-GAY-rooh).*

Give up.
> **Akirame-masu (Akirameru).** / *ah-keeh-RAH-may-MAH-sooh (ah-KEEH-rah-MAY-rooh).*

Glass.
> **Koppu.** / *KOH-pooh.*
> **Gurasu.** / *gooh-RAH-sooh.*

Glue.
> **Semedain.** / *SEH-meh-dine.*
> **Secchaku-zai.** / *seck-CHAH-kooh-zigh.*

Go.
> **Ikimasu (Iku).**/ *eeh-keeh-MAH-sooh (EEH-kooh).*

(How's it) going?
> **Ikaga-desuka?**/ *eeh-KAH-gah-dess-ooh-kah?*

Go back.
> **Kaerimasu (Kaeru).**/ *kigh-reeh-MAH-sooh (KIGH-rooh).*

Go-between.
> **O-nakoudo.**/ *oh-nah-KOOH-doh.*

Go in.
> **Hairimasu (Hairu).**/ *high-reeh-MAH-sooh (HIGH-rooh).*

Good.
> **Ii.**/ *EEH-eeh.*

That's good.
> **Yokatta-des.**/ *YOH-kah-tah-dess'.*

Good day.
> **Konnichiwa.**/ *KOHN-neeh-cheeh-wah.*

Good evening.
> **Konbanwa.**/ *KOHN-bahn-wah.*

Google.
> **Guguru.** / *gooh-GOOH-rooh.*

Grandchild.
> **Mago.** / *MAH-goh.*

Grandfather.
> **Sofu.** / *SOH-fooh.*
> **Ojii-san.** / *OH-jeeh-eeh-sahn.*

Grandmother.
> **Sobo.** / *SOH-boh.*
> **Obaa-san.** / *OH-bah-ah-sahn.*

Gray.
> **Haiiro.** / *hah-EEH-eeh-roh.*
> **Gurei.** / *GOOH-ray-eeh.*

Great.
> **Sugoi.** / *sooh-GOY.*

Green.
> **Midori.** / *meeh-DOH-reeh.*
> **Gureen.** / *GOOH-reen.*

Group.
> **Gurupu.** / *gooh-ROOH-pooh.*

Guest.
> **O-kyaku-san.** / *oh-KEEH-ah-kooh-sahn.*

Gesto. / *GHES-toh.*

Gums.

Haguki. / *hah-GOOH-keeh.*

Hair.

Kami. / *KAH-meeh.*
Kami-no-ke. / *KAH-meeh-NOH-keh.*
Heaa. / *HAY-ah-ah.*

Half.

Han-bun. / *Hahn-BOON.*

Hamburger.

Hanbaagu. / *Hahn-bah-AH-gooh.*

Hand.

Te. / *tay.*

Handkerchief.

Hankachi. / *hahn-KAH-cheeh.*

Handsome.

Hansamu. / *HAN-sahm-ooh.*

Happy ending.

Happi-endo. / *HAH-peeh-ehn-doh.*

Hard.

Difficult: **Muzukashii.** / *MOOH-zooh-kah-sheeh-eeh.*

Texture: **Katai.**/*kah-TIGH.*

Have.

Motte-imasu (Motsu)./*MOH-tay-eeh-mah-sooh (MOH-tsooh).*

Arimasu (Aru)./*AH-reeh-MAH-sooh (AH-rooh).*

He.

Kare./*KAH-ray.*

Head.

Atama./*AH-tah-mah.*

Headache.

Zutsuu./*ZOOH-tsooh-ooh.*

Healthy.

Kenkoo./*KEN-koh-oh.*
Genki./*GHEN-keeh.*

We are healthy.

Watashitachi-wa-genki-desu./*wah-TAH-sheeh-TAH-cheeh-wah-GHEN-keeh-dess'.*

Hear.
> **Kikimasu (Kiku).**/*KEE-keeh-MAH-sooh (KEE-kooh).*
>> Did you hear?
>>> **Kiko-etta?**/*KEEH-koh-ay-tah?*

Heart.
> **Shinzoh.**/*SHIN-zoh.*

Heavy.
> **Omoi.**/*oh-MOY-eeh.*

Hello.
> **Konnichiwa?**/*KOHN-neeh-cheeh-wah?*
> **Konbanwa?**/*KOHN-bahn-wah?* (in the evening only)
> **Moshi-moshi.**/*MOH-sheeh-moh-sheeh* (on the phone only)

Help.
> **Tasuke.**/*tah-SOOH-kay.*
> **Herupu.**/*HAY-rooh-pooh.*

Helpful.
> **Shinsetsu-na.**/*shin-SET-sooh-nah.*

Here.
> **Kochira.**/ *koh-CHEEH-rah.*

High (place).
> **Takai.**/ *tah-KIGH-eeh.*

Low.
> **Hikui.**/ *heeh-KOOH-eeh.*

Hike.
> **Haikingu.**/ *HIGH-kin-gooh.*

Hill.
> **Oka.**/ *OH-kah.*

Hip, hips.
> **Koshi.**/ *KOH-sheeh.*
> **Oshiri.**/ *oh-SHEEH-reeh.*

Holiday, vacation.
> **Kyuu-jitsu.**/ *keeh-OOH-jit-sooh.*
> **Yasumi.**/ *yah-SOOH-meeh.*

Home.
> **Uchi.**/ *OOH-cheeh.*
> **Katei.**/ *KAH-tigh.*
> **Ie.**/ *EEH-ay.*

Horn (automobile).
> **Kurakushon.**/ *KOOH-rah-kooh-shohn.*

Hors-d'oeuvre.
> **Odoburu.**/*OH-doh-BOOH-rooh.*

Hospital.
> **Byoin.**/*beeh-YOH-in.*

Hot (temperature).
> **Atsui**/*aht-SOOH-eeh.*

Hot (spicy).
> **Karai.**/*kah-RIGH-eeh.*

Hotel.
> **Hoteru.**/*hoh-TAY-rooh.*

Hour(s).
> **Jikan.**/*JEEH-kahn.*

House.
> **Uchi.**/*OOH-cheeh.*
> **Ie.**/*EEH-ay.*

How?
> **Dou?**/*DOH-hooh?*

How's it going? Hello.
> Day: **Konnichiwa.**/*KOHN-neeh-cheeh-wah.*
> Evening: **Konbanwa.**/*KOHN-bahn-wah.*

How long?
> **Donokurai?**/*doh-noh-KOOH-righ?*

How many?
> **Donokurai?** / *Doh-noh-KOOH-righ?*

How much [price]?
> **Ikura-desuka?** / *ee-KOOH-rah-dess-kah?*

Husband.
> **Go-shujin.** / *goh-SHOOH-gin.*
> **Otto.** / *OH-toh.*

I.
> **Watashi.** / *wah-TAH-sheeh.*

Ice.
> **Kohri.** / *KOH-reeh.*
> **Aisu.** / *EYE-sooh.*

Ice cream.
> **Aisu-kurimu.** / *EYE-sooh-kooh-REEH-mooh.*

Icy.
> **Tsumetai.** / *TSOOH-may-tigh.*

(very) Important.
> **Totemo-taisetsu-na.** / *TOH-tay-moh-tigh-SET-sooh-nah.*
> **Daiji-na.** / *DIGH-jeeh-nah.*

In.
> **Ni.** / *neeh.*

Inconvenient.
> **Fuben-na.** / *FOOH-behn-nah.*

Inexpensive.
> **Yasui.** / *yah-SOOH-eeh.*

In front of.
> **Mae.** / *mah-EEH.*

Inside.
> **Naka.** / *NAH-kah.*

Instagram.
> **Insuta.** / *ihn-SOOH-tah.*

Interesting.
> **Omoshiroi.** / *oh-moh-SHEEH-roy.*

Intersection.
> **Kosaten.** / *koh-sah-TEHN.*

Introduce.
> **Shokai-shimasu (Shokai-suru).** / *SHOH-kigh-sheeh-MAH-sooh (SHOH-kigh-sooh-rooh).*

Is/are.
> Animate: **Imasu (Iru).** / *eeh-MAH-sooh (EEH-rooh).*

There is a person.
>   **Hito-gah-imasu.**/*HEEH-toh-gah-EEH-mah-sooh*.

>   Inanimate: **Desu.**/*DEH-sooh*.

It's one o'clock.
>   **Ichi-ji-desu.**/*EEH-cheeh-jeeh-dess-ooh*.

He's an American.
>   **Kare-wa-America-jin-desu.**/*kah-RAY-wah-ah-MARE-eeh-kah-gin-dess-ooh*.

Is/are (things).
>   **Desu.**/*DEH-sooh*.

Japan.
>   **Nippon.**/*NEEH-pon*.
>   **Nihon.**/*NEEH-hon*.

Japanese.
>   **Nihon-jin.**/*neeh-HON-gin*.

>   Mr. Haruka is Japanese.
>   >   **Haruka-san-wa-Nihonjin-desu.**/*hah-ROOH-kah-sahn-wah-eeh-HON-gin-dess'*.

Japanese language.
>   **Nihongo.**/*neeh-HON-goh.*

Jaw.
>   **Ago.**/*AH-goh.*

Jeans.
>   **Jiipan.**/*JEEH-eeh-pahn.*

Juice.
>   **Juusu.**/*JOOH-ooh-sooh.*

Key.
>   **Kagi.**/*KAH-gheeh.*
>   **Kii.**/*KEE-eeh.*

Keyboard.
>   Piano: **Ken-ban.**/*KEN-bahn.*
>   **Kii-boudo.**/*keeh-EEH-bow-doh.*

Kind.
>   **Shinsetsu-na.**/*shin-SET-sooh-nah.*

Kitchen.
>   **Daidokoro.**/*digh-doh-KOH-roh.*
>   **Kitchen.**/*KEEH-chen.*

Knee.
>   **Hiza.**/*HEEH-zah.*

Know.
> **Shitte-imasu (Shitte-iru).** / *SHEEH-tay-eeh-MAH-sooh (SHEEH-tay-EEH-rooh).*

Korea.
> **Kankoku.** / *kahn-KOH-kooh.*
>> Korean.
>>> **Kankoku-jin.** / *kahn-KOH-kooh-gin.* [people]
>>> **Kankoku-go.** / *kahn-KOH-kooh-goh.* [language]

Lake.
> **Mizuumi.** / *meeh-zooh-OOH-meeh.*

Lamb.
> **Lamu.** / *LAH-mooh.*
> **Kohitsuji.** / *koh-heet-SOOH-jeeh.*
>> Lamb chop
>>> **Lamu-choppu.** / *LAH-mooh-chop-pooh.*

Large.
> **Okii.** / *oh-KEEH-eeh.*

Late.
> **Osoi.** / *oh-SOY-eeh.*

Late afternoon.
>   **Gogo.** / *GOH-goh.*

Later.
>   **Ato-de.** / *AH-toh-deh.*
>   Yes, but later.
>   >   **Hai, demo-atode.** / *HAI-DAY-moh-AH-toh-day.*

Lawyer.
>   **Bengoshi.** / *ben-GOH-sheeh.*

Learn.
>   **Naraimasu (Narau).** / *nah-RIGH-eeh-mah-sooh (nahr-OW).*
>   I'm learning Japanese.
>   >   **Nihongo-o-naraimasu.** / *neeh-HON-goh-oh-nah-ray-MAH-sooh.*

Leave.
>   **Dekake-masu (Dekakeru)** / *day-KAH-kay-MAH-sooh (day-kah-KAY-rooh).*
>   **Demasu (Deru).** / *day-MAH-sooh (DAY-rooh).*
>   **Shuppatsu.** / *shooh-PAH-tsooh.*

Left.
> **Hidari.** / *heeh-DAH-reeh.*
>> Left-hand side.
>>> **Hidari-gawa.** / *heeh-DAH-reeh-GAH-wah.*

Leftovers.
> **Nokorimono.** / *noh-KOH-reeh-MOH-noh.*
> **Zanpan.** / *ZAHN-pan.*

Leg.
> **Ashi.** / *ah-SHEEH.*

Letter.
> **Tegami.** / *tay-GAH-meeh.*
>> I write a letter.
>>> **Watishiwa-tegame-oh-kakimasu.** / *wah-TAH-sheeh-wah-tay-GAH-may-oh-kah-keeh-MAH-sooh.*

Level (standard or stage of things).
> **Reberu.** / *RAY-bay-rooh.*

Light (not dark).
> **Akarui.** / *ah-kah-ROOH-eeh.*

Light (weight).
> **Karui.** / *kah-ROOH-eeh.*

Light (electric).
> **Denki.**/*DEHN-keeh.*

Lightning.
> **Ina-zuma.**/*eeh-nah-ZOOH-mah.*

Lips.
> **Kuchibiru.**/*kooh-cheeh-BEEH-rooh.*
> **Rippu.**/*REEH-pooh.*

Liquor store.
> **Saka-ya.**/*sah-KAH-yah.*

Listen.
> **Kikimasu (Kiku).**/*KEEH-keeh-MAH-sooh (KEEH-kooh).*

Little.
> **Sukoshi.**/*SKOH-sheeh.*
> **Chotto.**/*CHOH-toh.*

Live (reside).
> **Sumimasu (Sumu).**/*sooh-meeh-MAH-sooh (SOOH-mooh).*

Live (a life).
> **Ikimasu (Ikiru).**/*EEH-keeh-MAH-sooh (eeeh-KEEH-rooh).*

Living room.
> **Living-room.**/*LEEH-veeng-room.*
> **Ima.**/*EEH-mah.*

Long.
> **Nagai.**/*nah-GUY.*

Look (at, around).
> **Mimasu (Miru).**/*meeh-MAH-sooh (MEEH-rooh).*

Look (now!).
> **Hora-mite.**/*HOH-rah-MEEH-tay.*

Lose (a game).
> **Makemasu (Makeru).**/*mah-kay-MAH-sooh (mah-KAY-rooh).*

Lose (a thing).
> **Nakushimasu (Nakusu).**/*nah-KOOH-sheeh-mah-sooh (nah-KOOH-sooh).*

Loser.
> **Make-inu.**/*mah-KAY-eeh-nooh.*
> **Make-gumi.**/*mah-KAY-gooh-meeh.*

Lost (as in "I got lost").
> **Mayou.**/*MAH-yooh.*

A lot.
> Takusan./ *TAH-kooh-sahn-*.

Lots of.
> Takusan-no./ *TAH-kooh-sahn-noh*.

Loud; noisy.
> Yakamashii./ *YAH-kah-MAH-sheeh-eeh*
>> Too loud.
>>> Sugoku-urusai./ *sooh-GOH-kooh-OOH-rooh-sigh*.
>>>> Louder.
>>>>> Motto-ookiku./ *MOH-toh-ooh-KEEH-kooh*.

I love it.
> Daisuki-desu./ *digh-SOOH-keeh-DEH-sooh*.

Low.
> Hikui./ *heeh-KOOH-eeh*.
>> High.
>>> Takai./ *tah-KIGH-eeh*.

Lunch.
> Ranchi./ *ROHN-cheeh*.
> Chushoku/ *chew-SHOH-kooh*.

O-hiru-gohan. / *oh-HEEH-rooh-GOH-han.*

    Lunch time.

        O-hiru-yasumi. / *oh-HEEH-rooh-yah-SOOH-meeh.*

Lung.

    Hai. / *high.*

Magazine.

    Zasshi. / *ZAH-sheeh-eeh.*

Mail.

    Yubin. / *YOOH-bin.*

Mailbox.

    Posuto. / *poh-SOOH-toh.*

Major.

    Omo-na. / *OH-moh-nah.*

Make.

    Tsukurimasu (Tsukuru). / *tsooh-kooh-reeh-MAH-sooh (tsooh-KOOH-rooh).*

Man.

    Otoko. / *oh-TOH-koh.*
    Dansei. / *DAN-say.*

Many.
> **Takusan.**/*TAH-kooh-sahn.*

Map.
> **Chizu.**/*CHEEH-zooh.*

Market.
> **Ichiba.**/*EEH-cheeh-bah.*
> **Maaketto.**/*mah-ah-KAY-toh.*

Marriage.
> **Kekkon.**/*KAY-kohn.*

Marry.
> **Kekkon-suru.**/*KAY-kohn-SOOH-rooh.*

Me too!
> **Watashimo.**/*wah-TAH-sheeh-moh.*

Meal.
> **Gohan.**/*GOH-hahn.*
> **Sho-kuji.**/*shooh-KOOH-jeeh.*
>> The meal's ready.
>>> **Gohan-desu.**/*GOH-hahn-dess'.*

Mean.
> **Imi.**/*EEH-meeh.*
>> What does this mean?

Kore-wa-dou-iu-imi-desuka? / *KOH-ray-wah-doh-ooh-eeh-ooh-eeh-meeh-DESS-ooh-kah?*

Meat.
> **Niku.** / *NEEH-kooh.*
>> Beef.
>>> **Gyuu-niku.** / *GYOOH-ooh-neeh-kooh.*
>>> **Biifu.** / *beeh-EEH-fooh.*
>> Chicken.
>>> **Tori-niku.** / *TOH-reeh-EEH-kooh.*
>>> **Chikin.** / *CHEEH-kin.*
>> Pork.
>>> **Buta-niku.** / *booh-TAH-NEEH-kooh.*
>>> **Pooku.** / *POOH-kooh.*

Medical record.
> **Karute.** / *kah-ROOH-tay.*

Medicine.
> **Kusuri.** / *kooh-SOOH-reeh.*

Meditation.
> **Mei-sou.**/*MAY-sooh.*

Meet.
> **Aimasu (au).**/*IGH-mah-sooh (AH-ooh).*

Meeting.
> **Meeting.**/*MEEH-tin-gooh.*
> **Kaigi.**/*KIGH-gheeh.*

Memory.
> **Kioku.**/*keeh-OH-kooh.*

Menu.
> **Menyu.**/*MEN-yooh.*

Microwave oven.
> **Denshi-renji.**/*DEHN-sheeh-RAIN-jeeh.*

Minute.
> **Fun.**/*foon.*
> > Just a minute.
> > > **Chotto-matte-kudasai.**/*CHOH-toh-MAH-tay-kooh-dah-SIGH.*

Moment.
> **Shyun-kan.**/*sheeh-YOON-kahn.*

Monday.
> **Getsu-yoobi.**/*GET-sooh-YOH-oh-beeh.*

Money.
> **O-kane.**/*oh-KAH-nay.*

Moon.
> **Tsuki.**/*TSOOH-keeh.*

More.
> **Motto.**/*MOH-toh.*

Morning.
> **Asa.**/*AH-sah.*
>> Morning (a.m.).
>>> **Gozen.**/*GOH-zehn.*

Mother.
> **Okaasan.**/*oh-KAH-ah-sahn.*
> **Haha.**/*Hah-hah.*
>> Mother-in-law.
>>> **Giri-no-haha.**/*GHEEH-reeh-noh-hah-hah.*
>>> **Giri-no-okaasan.**/*GHEEH-reeh-noh-oh-KAH-ah-sahn.*

Motor bike.
> **Ooto-bai.**/*OOH-toh-bigh*.

Motorcycle.
> **Baiku.**/*BIGH-kooh*.

Mountain.
> **Yama.**/*YAH-mah*.

Mouth.
> **Kuchi.**/*KOOH-cheeh*.

Movie.
> **Eiga.**/*ay-EEH-gah*.

Music.
> **Ongaku.**/*ohn-GAH-kooh*.
> **Muuzikku.**/*MOOH-zeeh-kooh*.

Mussel.
> **Muurugai.**/*MOOH-ooh-rooh-Guy*.

Nail.
> **Tsume.**/*TSOOH-may*.
> **Neeru.**/*nay-AY-rooh*.

Name.
> **Namae.**/*nah-MAH-ay*.
> What is your name?
>> **O-namae-wa**/*oh-nah-MAH-ay-wah?*

Nap.
> **Hiru-ne.**/*heeh-ROOH-neh*.

Narrow.
> **Semai.**/*SAY-migh-eeh*.

Near; close.
> **Chikai.**/*CHEEH-kigh*.
> **Chikaku.**/*cheeh-KAH-kooh*.

Neck.
> **Kubi.**/*KOOH-beeh*.
> > Necktie.
> > > **Nekutai.**/*neh-kooh-TIGH*.
> > Necklace.
> > > **Nekulesu.**/*Neh-kooh-LAY-sooh*.

Need.
> **Irimasu (Iru).**/*eeh-reeh-MAH-sooh (EEh-rooh)*.

New.
> **Atarashii.**/*ah-tah-RAH-sheeh-eeh*.

News.
> **Nyusu.**/*NYOOH-sooh*.

Newspaper.
> **Shinbun.**/*SHIN-boon.*

Next.
> **Tsugi.**/*TSOOH-gheeh.*

Next to.
> **Tsugi.**/*TSOO-gheeh.*
> **Tonari.**/*toh-NAH-reeh.*

Night.
> **Yoru.**/*YOH-rooh.*

Nine.
> **Kyuu.**/*keeh-YOOH-ooh.*

No.
> **Iie.**/*eeh-EEH-ay.*

No good.
> **Dame.**/*DAH-may.*
> **Yokunai.**/*yoh-kooh-NIGH.*

Noisy.
> **Uru-sai.**/*OOH-rooh-sigh.*

Noon.
> **O-hiru.**/*oh-HEEH-rooh.*

No, thanks.
> **Kekko-desu.**/*KAY-koh-dess'.*

Nose.
> **Hana.**/*HAH-nah.*

Notebook.
> **Techoo.**/*TAY-kooh.*
> **Nooto.**/*NOH-oh-toh.*

Nothing.
> **Nani-mo.**/*NAH-neeh-moh.*

Not very.
> **Anmari.**/*ahn-MAH-reeh.*

Not yet.
> **Mada-desu.**/*MAH-dah-dess'.*

Now.
> **Ima.**/*EEH-mah.*

Nowhere.
> **Doko-ni-mo-nai.**/*DOH-koh-neeh-moh-nigh.*

Number.
> **Bango.**/*BAHN-goh.*
> **Kazu.**/*KAH-zooh.*

Ocean.
> **Umi.**/*OOH-meeh.*

Often.
> **Yoku.**/*YOH-kooh*.

Okay.
> **Ookei.**/*oh-oh-KAY-eeh*.

Old (for things).
> **Furui.**/*fooh-ROOH-eeh*.

Old (for people).
> **O-toshiyori.**/*oh-toh-sheeh-YOH-reeh*.

How old are you?
> **Nan-sai-desu-ka?**/*NAHN-sigh-dess'-kah?*

Once.
> **Ichi-do.**/*eeh-cheeh-DOH*.

One. Number One.
> **Ichi.**/*EEH-cheeh*.
> **Ichiban.**/*EEH-cheeh-bahn*.

One time.
> **Ichi-do.**/*EEH-chee-doh*.

One hundred.
> **Hyaku.**/*heeh-YAH-kooh*.

One thousand.
> **Sen.**/*sehn*.

Open (stores only)
> **Kaiten.**/*KAY-ten*.
>> Closed.
>>> **Heiten.**/*HIGH-ten*.

Open (verb).
> **Akemasu (Akeru).**/*ah-kay-MAH-sooh (AH-kay-rooh)*.

Or.
> **Mata-wa.**/*MAH-tah-wah*.

Orange
> **Orenji.**/*oh-RAIN-jeeh*.

Order (noun).
> **Chumon.**/*CHOOH-mon*.
> **Oodaa.**/*oh-OH-dah-ah*.

Order (verb).
> **Chumon-shimasu (Chumon-suru).**/*CHOOH-mohn-sheeh-MAH-sooh (CHOOH-mohn-sooh-rooh)*.
> **Oodaa-shimasu (Oodaa-suru).**/*oh-OH-dah-ah-sheeh-MAH-sooh (oh-OH-dah-ah-sooh-rooh)*.

Other.
> **Hoka.**/*HOH-kah.*

Out.
> **Outo.**/*OW-toh.*

Oyster.
> **Kaki.**/*KAH-keeh.*

Painful.
> **Itai.**/*EEH-tigh.*

Pancake.
> **Hotto-keki.**/*HOH-toh-KAY-keeh.*

Pants.
> **Zubon.**/*ZOOH-bahn.*

Paper towel.
> **Kitchin-pepa.**/*KEEH-tchin-PAY-pah.*

Parents.
> **Ryoshin.**/*reeh-YOH-shin.*

Park.
> **Koen.**/*KOH-ehn.*

Park (verb).
> **Tomemasu (Tomeru).**/*toh-may-MAH-sooh (toh-MAY-rooh).*

> Parking lot.

> **Chushajoh.**/*chooh-SHAH-joh*.
>
> **Paakingu.**/*pah-AH-kin-gooh*.

No parking.
> **Chusha-kinshi.**/*CHOOH-shah-KIN-sheeh*.

Party.
> **Paatii.**/*PAH-ah-teeh*.

Patient.
> **Kanja.**/*KAHN-jah*.

Pay.
> **Haraimasu (Harau).**/*HAH-rah-eeh-MAH-sooh (hah-ROH)*.

Pecan.
> **Piikan.**/*peeh-eeh-KAHN*.

Pen.
> **Pen.**/*pen*.
>
>> Ken's pen.
>>> **Ken-san-no-pen.**/*KEN-sahn-no-PEN*.

Persimmon.
>   **Kaki.**/*KHAH-keeh.*

Person.
>   **Hito.**/*HEEH-toh.*

Personal computer (PC).
>   **Pasokon.**/*PAH-soh-kohn.*

Pharmacy.
>   **Yakkyoku**/*yah-keeh-YOH-kooh.*
>   **Kusuri-ya.**/*kooh-SOOH-reeh-yah.*

Phone call (make a).
>   **Denwa-o-kakemasu (kakeru).**/*DEHN-wah-oh-KAH-kay-MAH-sooh (kay-KAY-rooh).*

Photograph.
>   **Shashin.**/*shah-SHIN.*

Picture (art).
>   **E.**/ay.
>   **Kaiga.**/*KIGH-gah.*

Pine nut.
>   **Matsu-no-mi.**/*MAH-tsooh-NOH-meeh.*

Pineapple.
>   **Painappuru.**/*pah-EEN-ah-pah-ROOH.*

Pink.
> **Pinku.** / *PEEN-kooh.*

Pistachio.
> **Pisutachio.** / *PEEH-sooh-tah-cheeh-oh.*

Place.
> **Tokoro.** / *toh-KOH-rooh.*
> **Basho.** / *BAH-shoh.*

Playing cards.
> **Toranpu.** / *TOH-rahn-pooh.*

Play tennis.
> **Tenisu-o-shimasu (Suru).** / *TEHN-eh-sooh-oh-sheeh-MAH-sooh (SOOH-rooh).*

Pleasant.
> **Tanoshii.** / *tah-noh-SHEEH-eeh.*
> **Kimochi-ii.** / *keeh-MOH-cheeh-eeh.*

Please.
> **Onegaishimasu.** / *ohn-ay-GUY-she-mahs.*
> **Kudasai.** / *KOOH-dah-sigh.*
> **Doozo.** / *DOH-oh-zoh.*

Polite.
> **Teinei.** / *TAY-nay.*

Reigi-tadashii./*RAY-eeh-gheeh-tah-DAH-sheeh-eeh.*

Politics.

Seiji./*SAY-eeh-jeeh.*

p.m.

Gogo./*GOH-goh.*

Poor.

Bimbo./*BIM-boh.*

Possible.

Kanou-na./*KAH-noh-ooh-nah.*

Post box.

Posuto./*poh-SOOH-toh.*

Postage stamp.

Kitte./*KEEH-tay.*

Potato.

Jyagaimo./*jyah-GUY-moh.*
Poteto./*poh-TAY-toh.*

Potato chips.

Potechi./*poh-TAY-cheeh.*

Pretty.

Kirei./*KEEH-ray.*
Kawaii./*kah-WIGH-eeh-eeh.*

Professor; teacher.
> **Sensei.**/*SEHN-say*.

Purple.
> **Murasaki.**/*mooh-rah-SAH-keeh*.

Push.
> **Oshimasu (Osu).**/*OH-sheeh-MAH-sooh (OH-sooh)*.

Quiet.
> **Shizuka.**/*sheeh-ZOOH-kah*.

Rabbit.
> **Usaghi.**/*ooh-SAH-gheeh*.

Rain.
> **Ame.**/*AH-may*.

Rain coat.
> **Rein-kooto.**/*RANE-koh-oh-toh*.

Read.
> **Yomimasu (Yomu).**/*yoh-meeh-MAH-sooh (YOH-mooh)*.

Ready.
> **Jyunbi-dekimashita.**/*JEEH-yoon-beeh-day-keeh-MAH-sheeh-tah*.

Really.
>   **Honto-ni.**/*HOHN-toh-neeh.*

(Not) really.
>   **Soudemonai.**/*SOH-ooh-day-MOH-nigh.*

Rearview mirror.
>   **Bakku-mira.**/*BAH-kooh-MEEH-rah.*

Receipt.
>   **Ryoshuu-sho**/*RYOH-shooh-ooh-shoh.*
>   **Reshito.**/*ray-SHEEH-toh.*

Receive.
>   **Uketori-masu (Uketoru).**/*ooh-kay-TOH-reeh-MAH-sooh*

Recently.
>   **Saikin.**/*SIGH-kin.*

Record (paper).
>   **Kiroku.**/*keeh-ROH-kooh.*

Red.
>   **Aka; akai.**/*AH-kah; ah-KIGH.*

Remote control.
>   **Rimokon.**/*reeh-moh-KOHN.*

Repeat.
> **Kurikaeshimasu (Kurikaesu).**/*kooh-reeh-KAH-eeh-sheeh-MAH-sooh (kooh-reeh-KIGH-sooh).*

Reservation.
> **Yoyaku.**/*yoh-YAH-kooh.*

Reserve (verb).
> **Yoyaku-shimasu (Yoyaku-suru).**/*yoh-YAH-kooh-sheeh-MAH-sooh (yoh-YAH-kooh-SOOH-rooh).*

Restaurant.
> **Resutoran.**/*reh-sooh-toh-RAHN.*

Return (noun).
> **Kaeri.**/*kah-AY-reeh.*

Return (verb).
> **Kaerimasu (Kaeru).**/*KIGH-reeh-MAH-sooh (KIGH-rooh).*

Rice.
> **O-kome.**/*oh-KOH-may.*

Rice, or meal.
> **Gohan.**/*GOH-hahn.*

Rich; rich person.
>**O-kane-mochi.**/*oh-KAH-nay-MOH-cheeh.*

Ride.
>**Norimasu (Noru).**/*NOH-reeh-mah-sooh (NOH-rooh).*

Right.
>**Migi.**/*MEEH-gheeh.*

Right (correct).
>**Tadashii.**/*tah-DAH-sheeh-eeh.*
>>That's right.
>>>**Sono-tori.**/*SOH-noh-toh-reeh.*
>>>**Soh-desu**/*SOH-dess'.*
>>All right. Is it all right?
>>>**Ii-desu.**/*eeh-EEH-dess'.*
>>>**Ii-desuka?**/*EEH-eeh-dess-kah?*
>>>**Kekko.**/*KAY-koh.*

Rival, competitor.
>**Raibaru.**/*RIGH-bah-rooh.*

Room.
>**Heya.**/*HAY-yah.*

        Ruumu. / *ROOH-ooh-mooh.*

Rude.

        Shitsurei. / *sheeh-tsooh-RAY.*

Rush.

        Isogu. / *eeh-SOH-gooh.*

            Are you in a rush?

                Isoide-masuka? / *eeh-SOH-eeh-day-MAH-sooh-kah?*

            I'm not in a rush.

                Isoidemasen. / *eeh-soh-EEH-day-MAH-sehn.*

            Please, no rush!

                Isoganaide. / *eeh-soh-gah-NIGH-deh.*

Safe.

        Anzen. / *AHN-zehn.*

Salad.

        Sarada. / *sah-RAH-dah.*

Salmon.

        Sa-ke. / *SAH-kay.*

        Saamon. / *sah-AH-mohn.*

Salmon roe.
>**Ikura.**/*EEH-kooh-rah.*

Salty.
>**Shiokarai.**/*SHEEH-oh-kah-righ.*
>**Shoppai.**/*SHOH-pigh.*

Sandwich.
>**Sandoitchi.**/*sahn-DOY-eet-cheeh.*

Saturday.
>**Do-yobi.**/*doh-YOH-beeh.*

Saved, I'm.
>**Tasukatta.**/*tah-sooh-KAH-tah.*

Say.
>**Iimasu (Iu).**/*eeh-eeh-MAH-sooh (EEH-ooh).*

Scale (bathroom).
>**Tai-juh-kei.**/*TIGH-jooh-kay.*

Scallop.
>**Hotategai.**/*hoh-TAH-teh-Guy.*
>**Kaibashira.**/*kigh-bah-SHEEH-rah.*

School.
>**Gakko.**/*GAH-koh.*

Sea.
>**Umi.**/*OOH-meeh.*

Seafood.
>**Siifuudo.**/*SEEH-eeh-fooh-OOH-doh.*

Seat.
>**Shiito.**/*SHEEH-eeh-toh.*
>**Seki.**/*SAY-keeh.*
>>Priority ("silver") seat.
>>>**Shiruba-shiito.**/*sheeh-ROOH-bah-sheeh-eeh-toh.*
>>>**Yuusen-seki.**/*YOOH-sehn-SAY-keeh.*

See.
>**Mimasu (Miru).**/*meeh-MAH-sooh (MEEH-rooh).*
>>I see, I understand.
>>>**Naruhodo.**/*NAH-rooh-HOH-doh.*
>>>**Wakarimasu.**/*wah-KAH-reeh-MAH-sooh.*

Sell.
>**Urimasu (Uru).**/*ooh-reeh-MAH-sooh (OOH-rooh).*

Send.
> **Okurimasu (Okuru).**/*oh-KOOH-reeh-mah-sooh (oh-KOOH-rooh)*.

Service.
> **Saabisu.**/*sah-AH-beeh-sooh*.

Seven.
> **Shichi.**/*SHEEH-cheeh*.
> **Nana.**/*NAH-nah*.

Sex.
> The act: **Sekkusu.**/*SEH-kooh-sooh*.
> Gender: **Seibetsu.**/*SIGH-beh-tsooh*.

Sexual harassment.
> **Sekuhara.**/*seh-kooh-HAH-rah*.

Share.
> **Wakemashu (Wakeru).**/*WAH-kay-mah-shoh (WAH-kay-rooh)*.
>> Let's share a cake.
>>> **Keeki-wo-wakemasho.**/*kay-AY-keeh-woh-wah-kay-MAH-shoh*.

She.
> **Kanojo.**/*kahn-OH-joh*.

Shelf.
> **Tana.**/*TAH-nah.*

Shoes.
> **Kutsu.**/*KOOH-tsooh.*

Shop (noun).
> **Mise.**/*MEEH-zay.*

Shop, shopping.
> **Kaimono.**/*kigh-MOH-noh.*
> **Shoppingu.**/*SHOP-peen-gooh.*
>> Did you go shopping?
>> **Kaimono-ni-ikimashitaka?**/*kigh-MOH-noh-neeh-eeh-keeh-MAH-sheeh-tah-kah?*

Short.
> **Mijikai.**/*MEEH-jeeh-kigh.*

Shortcut.
> **Chika-michi.**/*CHEEH-kah-MEEH-cheeh.*

Shoulder.
> **Kata.**/*KAH-tah.*

Show.
> **Misemasu (Miseru).**/*MEEH-seh-mah-sooh (meeh-SAY-rooh).*

(Please) show me.
> **Misete-kudasai.**/*MEEH-seh-tay-KOOH-dah-sigh.*

Shrimp.
> **Ebi.**/*AY-beeh.*

Shrine.
> **Jinja.**/*JIN-jah.*

Shut.
> **Shimemasu (Shimeru).**/*SHEEH-may-MAH-sooh (sheeh-MAY-rooh).*

Shy (don't be).
> **Enryo-shinaide.**/*ehn-REEH-yoh-sheeh-NIGH-deh.*

Siblings.
> Brothers: **Kyodai.**/*keeh-YOH-digh.*
> Sisters: **Shimai.**/*SHEEH-migh.*

Sick.
> **Byoki.**/*beeh-YOH-keeh.*

Signature.
> **Shomei.**/*shoh-MAY.*
> **Sain.**/*sighn.*

Single man or woman.
> **Dokushin.**/*DOH-kooh-shin.*

Sister(s).
> **Shimai.**/*SHEEH-migh.*
>> Older sister.
>>> **Ane.**/*AH-nay.*
>>> **Oneesan.**/*oh-NAY-ay-sahn.*
>> Younger sister.
>>> **Imouto.**/*eeh-MOH-ooh-toh.*
> Sisters-in-law.
>> **Giri-no-shimai.**/ *GHEEH-reeh-noh-sheeh-migh.*
>> Older sister-in-law.
>>> **Giri-no-ane.**/*GHEEH-reeh-noh-AH-nay.*
>> Younger sister-in-law.
>>> **Giri-no-imouto.**/*GHEEH-reeh-noh-eeh-moh-OOH-toh.*

Sit.
> **Suwarimasu (Suwaru).**/*sooh-WAH-reeh-MAHS' (sooh-WAH-rooh)*.

Six.
> **Roku.**/*ROH-kooh*.

Skateboard.
> **Sukebo.**/*sooh-KAY-boh*.

Skin.
> **Hifu.**/*HEEH-fooh*.

Slack off (shirk).
> **Saboru.**/*sah-BOH-rooh*.

Sleep.
> **Nemasu (Neru).**/*NAY-mah-sooh (NAY-rooh)*.

Sleet.
> **Mizore.**/*meeh-ZOH-ray*.

Slow.
> **Osoi.**/*oh-SOY*.

>> (Go) slow. Slowly.
>>> **Yukkuri.**/*yooh-KOOH-reeh*.

Small.
> **Chiisai.**/*cheeh-eeh-SIGH*.

Smart.
> Style: **Sumaato.**/*sooh-mah-AH-toh*.
> Person: **Kashikoi.**/*kah-sheeh-KOI*.

Smartphone.
> **Sumaho.**/*sooh-MAH-hoh*.

Smooth (transaction or plan).
> **Sumuzu.**/*sooh-MOOH-zooh*.
> **Jun-choo.**/*JOON-chooh*.

Snow.
> **Yuki.**/*YOOH-keeh*.

So.
> **Sorede.**/*soh-RAY-day*.

Socks.
> **Kutsushita.**/*kooh-tsooh-SHEEH-tah*.
> **Sokkusu.**/*soh-KOOH-sooh*.

Soft.
> **Yawarakai.**/*yah-WAH-rah-kigh*.
>> Softly.
>>> **Yawarakaku.**/*yah-WAH-rah-KAH-kooh*.

Sometimes.
> **Tokidoki.**/*TOH-keeh-DOH-keeh*.

Soon.
> **Sugu.**/*SOOH-gooh.*

Soup.
> **Supu.**/*SOOH-pooh.*

Sour.
> **Suppai.**/*SOOH-pigh.*

Spa; hot spring.
> **Onsen.**/*OHN-sen.*

Spade (trowel, shovel).
> **Sukoppu.**/*sooh-KOH-pooh.*

Speak.
> **Hanashimasu (Hanasu).**/*hah-NAH-sheeh-MAH-sooh (hah-NAH-sooh).*
>
> I don't speak.
> > **Watashiwa-hanasimasen.**/*wah-TAH-sheeh-wah-hah-nah-seeh-MAH-sen.*
>
> I speak Japanese very little./badly
> > **Watashi-wa-nihongo-ga-umaku-arimasen.**/*wah-TAH-sheeh-wah-neeh-HOHN-*

goh-gah-ooh-MAH-kooh-ah-reeh-MAH-sen.

Spicy.
>**Karai.**/*kah-RIGH-eeh.*
>
>**Supaisii.**/*sooh-PIGH-seeh-eeh.*

Spoon.
>**Supuhn.**/*sooh-POON.*

Squid.
>**Ika.**/*EEH-kah.*

Star.
>**Hoshi.**/*HOH-sheeh.*

Stay.
>**Taizai-shimasu (Taizai-suru).**/*TIGH-zigh-sheeh-MAH-sooh (TIGH-zigh-SOOH-rooh).*

Steak.
>**Steeki.**/*STAY-keeh.*

Steamed.
>**Mushita.**/*MOOH-sheeh-tah.*

Stir-fried.
>**Itameta.**/*eeh-tah-MEH-tah.*

Stomach, belly.
>**Onaka.**/*oh-NAH-kah.*

Store.
>**Mise.**/*MEEH-zay.*

Story.
>**Hanashi.**/*hah-NAH-sheeh.*
>**Monogatari.**/*moh-noh-gah-TAH-reeh.*

Straight ahead.
>**Massugu.**/*MAH-sooh-gooh.*

Street.
>**Michi.**/*MEEH-cheeh.*

Stroller.
>**Bebii-kaa.**/*BAY-beeh-eeh-KAH-ah.*
>**Ubaguruma.**/*OOH-bah-gooh-ROOH-mah.*

Stupid.
>**Baka.**/*BAH-kah.*

Summer.
>**Natsu.**/*NAH-tsooh.*
>>Summer vacation.
>>>**Natsu-yasumi.**/*NAH-tsooh-yah-SOOH-meeh.*

Sun.
> **Taiyo.**/*TIGH-yoh.*

Sunday.
> **Nichi-yobi.**/*neeh-cheeh-YOH-beeh.*

Sunrise.
> **Hino-de.**/*HEEH-noh-deh.*

Sunset.
> **Hino-iri.**/*HEEH-nooh-EEH-reeh.*

Supermarket.
> **Suhpah.**/*SOOH-pah.*

Sure (are you sure?).
> **Honto?**/*hohn-TOH?*

Surgery.
> **Shujutsu.**/*shooh-JOOH-tsooh.*

Sweater.
> **See-taa.**/*say-AY-tah-ah.*

Sweet.
> **Amai.**/*ah-MIGH.*

Sweet potato.
> **Satsuma-imo.**/*sah-TSOOH-mah-EEH-moh.*

Swimsuit.
>**Mizugi.**/*meeh-ZOOH-gheeh.*

Table.
>**Teeburu.**/*TAY-ay-booh-rooh.*

Talk.
>**Hanashi-masu (Hanasu).**/*hah-NAH-sheeh-MAH-sooh (hah-MAH-sooh).*

>(too much) Talk.
>>**Uru-sai.**/*OOH-rooh-sigh.*

Talk show (TV).
>**Waido-sho.**/*WIGH-doh-shoh.*

Take.
>**Torimasu (Toru).**/*TOH-reeh-MAH-sooh (TOH-rooh).*

Tangerine.
>**Mikan.**/*meeh-KAHN.*

Tape.
>**Tepu.**/*TAY-pooh.*

Taxi.
>**Takushi.**/*TAH-kooh-sheeh.*

Tea.
>**Ocha.**/*OH-chah.*

Teach, tell.
>**Oshiemasu (Oshieru).**/ *oh-sheeh-ay-MAH-sooh (oh-SHEEH-ay-rooh).*

Teacher.
>**Sensei.**/ *SEN-say.*

(good) Teamwork.
>**Otsukare-sama-deshita.**/ *oh-tsooh-KAH-ray-SAH-mah-dessh-tah.*

Teen, teenager.
>**Tineja.**/ *teen-AY-jah.*

Telephone number.
>**Denwa-bango.**/ *DEHN-wah-bahn-goh.*

Television.
>**Terebi.**/ *tay-RAY-beeh.*

Tell, teach.
>**Oshiemasu (Oshieru).**/ *oh-sheeh-ay-MAH-sooh (oh-SHEEH-ay-rooh).*

Temple.
>**O-tera.**/ *oh-TAY-rah.*

Ten.
>**Juu.**/ *JOOH-ooh.*

Tennis.
>**Tenisu.**/ *TAY-neeh-sooh.*

Text.
    Tekisuto./*tay-keeh-SOOH-toh.*
Thank you; thanks.
    Arigato-gozaimasu./*AH-reeh-GAH-toh-goh-zigh-MAH-sooh.*
    Domo./*DOH-moh.*
    Thanks for the meal (before eating).
    I-ta-dakimasu./*EEH-tah-dah-keeh-MAHS'.*
That.
    Sore./*SO-ray.*
    That place.
    Soko./*SOH-koh.*
    That place over there.
    Asoko./*ah-SOH-koh.*
(And) then.
    Soshite./*so-SHEEH-tay.*
There (over there).
    Soko; asoko./*SO-koh; AH-so-koh.*
They.
    (man) **Karera.**/*kah-RAY-rah.*

(woman) **Kanojo-tachi.**/*kah-NOH-joh-TAH-cheeh*.

Thing.
Koto./*KOH-toh*.
Mono./*MOH-noh*.

This (one).
Kore./*KOH-ray*.

This direction.
Kochira./*koh-CHEEH-rah*.

This person.
Konokata./*koh-NOH-kah-tah*.

This place.
Koko./*KOH-koh*.

Three.
San./*sahn*.

Throat.
Nodo./*NOH-doh*.

Thumb.
Oyayubi./*oh-yah-YOOH-beeh*.

Thunder.
Kami-nari./*KAH-meeh-NAH-reeh*.

Thursday.
> **Moku-yobi.**/*MOH-kooh-YOH-beeh.*

Ticket(s).
> **Kippu.**/*KEEH-pooh.*
> **Chiketto.**/*cheeh-KEH-toh.*

Tights.
> **Taitsu.**/*TIGH-tsooh.*

Time.
> **Ji-kan.**/*JEEH-kahn.*
>> What time is it now?
>> **Ima-nanji-desu-ka?**/*EEH-mah-NAHN-jeeh-dess-kah?*
>>
>> What time is it now in Tokyo?
>> **Tookyoo-wa-ima-nanji-desu-ka?**/*TOH-oh-keeh-oh-wah-EEH-mah-NAHN-jeeh-dess'-kah?*
>>
>> Take your time.
>> **Go-yukkuri.**/*goh-yooh-KOOH-reeh.*

Toast.
> **Toostuto.**/*TOH-oh-STOOH-toh.*

Today.
> **Kyoo.**/*KYOH-oh*.

Toe.
> **Tsumasaki.**/*TSOOH-mah-SAH-keeh*.

Together.
> **Issho-ni.**/*EEH-shoh-neeh*.
> **Minnade.**/*meeh-NAH-day*.

Toilet.
> **Otearai.**/*oh-tay-AH-righ*.
> **Toire.**/*TOH-eeh-ray*.
>> Where is the toilet?
>>> **Toire-wa-doko-desuka?**/*TOH-eeh-ray-wah-doh-koh-DESS'-kah?*
>> Bathroom (for shower, bathtub).
>>> **O-furoba.**/*oh-fooh-ROH-bah*.

Tomato.
> **Tomato.**/*toh-MAH-toh*.

Tomorrow.
> **Ashita.**/*ASH-tah*.

Tongue.
>	**Shita.**/*SHEEH-tah*.

Tonight.
>	**Konban.**/*KON-bahn*.

Tooth.
>	**Ha.**/*hah*.

Top.
>	**Ue.**/*OOH-ay*.

Toothbrush.
>	**Haburashi.**/*hah-booh-RAH-sheeh*.

Town.
>	**Machi.**/*MAH-cheeh*.

Traffic light.
>	**Shingo.**/*shin-GOH*.

Train.
>	**Densha.**/*DEHN-shah*.

Travel; trip.
>	**Ryoko.**/*reeh-YOH-koh*.
>
>	We're going to make a trip to Japan.
>>	**Wataschitachi-wa-Nihon-e-ryoko-wo-shimasu.**/*wah-TAH-sheeh-*

tah-cheeh-wah-NEEH-hoh-nay-reeh-YOH-koh-woh-sheeh-MAH-sooh.

Tabi./*TAH-beeh.*

Travel (verb).

Ryoko-o-shimasu./*reeh-YOH-koh-oh-sheeh-MAH-sooh.*

Tabi-o-shimasu./*TAH-beeh-oh-sheeh-MAH-sooh.*

Tree.

Ki./*keeh.*

Trip.

Ryoko./*reeh-YOH-koh.*

Tabi./*TAH-beeh.*

Truly.

Honto./*HOHN-toh.*

True? Are you sure?

Honto?/*hohn-TOH?*

Tuesday.

Ka-yobi./*kah-YOH-beeh.*

Turn.

Magarimasu (Magaru)./*mah-GAH-reeh-MAH-sooh (mah-GAH-rooh).*

Turn off.
> **Keshimasu (Kesu).**/*KAY-sheeh-MAH-sooh (KAY-sooh)*.

Turn on.
> **Tsukemasu (Tsukeru).**/*TSOOH-kay-MAH-sooh (tsooh-KAY-rooh)*.

Turn signal (in the car).
> **Winkaa.**/*WEEN-kah-ah*.

Turtleneck.
> **Taatoru-nekku.**/*tah-ah-TOH-rooh-neck-kooh*.
>
> **Tokkuri.**/*toh-KOOH-reeh*.

Twelve.
> **Juu-ni.**/*JOOH-ooh-neeh*.

Two.
> **Ni.**/*NEEH*.

Umbrella.
> **Kasa.**/*KAH-sah*.

Uncle.
> **Oji-san.**/*OH-jeeh-sahn*.

Under.
> **Shita.**/*SHEEH-tah*.

Underpants.
> **Pantsu.**/*PAHN-tsooh.*

Understand.
> **Wakarimasu (Wakaru).**/*wah-KAH-reeh-mahs' (wah-KAH-rooh).*
>> Do you understand?
>>> **Wakarimashita-ka?**/*wah-kah-reeh-mah-shtah-kah?*
>> I understand. I see.
>>> **Hai-wakarimashita.**/*HIGH. Wah-KAH-reeh-MAHSH-tah.*

Unkind.
> **Fushinsetsu.**/*fooh-shin-SET-sooh.*

Until.
> **Made.**/*MAH-day.*

Until again.
> **Dewa-mata.**/*DAY-wah-mah-tah.*

Use.
> **Tsukaimasu (Tsukau).**/*TSOOH-kigh-MAH-sooh (TSOOH-kow).*

Vacation, holiday.
    Yasumi./*yah-SOOH-meeh.*
    Kyuuka./*key-ooh-OOH-kah.*

Vase.
    Kabin./*KAH-bin.*

Vegetable(s).
    Yasai./*yah-SIGH.*

Velcro.
    Majikku-tepu./*MAH-jeeh-kooh-TAY-pooh.*

Very, very much.
    Totemo./*toh-TAY-moh.*
    Hijo-ni./*HEEH-joh-neeh.*
    Sugoku./*sooh-GOH-kooh.*

Very soon.
    Mo-sugu./*moh-SOOH-gooh.*

View.
    Nagame./*NAH-gah-may.*

Vodka.
    Uokka./*ooh-OH-kah.*

Waist.
    Koshi./*KOH-sheeh.*

Wait.
>   **Uesuto.** / *ooh-AY-sooh-toh.*
>
>   **Machimasu (Matsu).** / *mah-cheeh-MAH-sooh (MAH-tsooh).*
>
>   We will wait.
>
>   **Machimasho.** / *MAH-cheeh-MAH-shoh.*
>
>   Please wait.
>
>   **Omachi-kudasai.** / *oh-MAH-cheeh-kooh-dah-sigh.*
>
>   Please don't wait.
>
>   **Matanai-de-kudasai.** / *MAH-tah-nigh-deh-KOOH-dah-sigh.*

Waiter.
>   **Weitaa.** / *WAY-tah-ah.*

Waitress.
>   **Weitoresu.** / *way-EEH-toh-RAY-sooh.*

Wake-up call.
>   Alarm clock: **Meza-mashi.** / *MAY-zah-MAH-sheeh.*
>
>   Hotel: **Moningu-koru.** / *MOH-neen-gooh-KOH-rooh.*

Walnut.
> **Kurumi.**/*kooh-ROOH-meeh.*

Walk (noun).
> **Sanpo.**/*SAHN-poh.*
> **Toho.**/*TOH-hoh.*

Walk (verb).
> **Arukimasu (Aruku).**/*ah-ROOH-keeh-mah-sooh (ah-ROOH-kooh).*

Warm.
> **Atatakai.**/*ah-TAH-tah-kigh.*

Wash.
> **Araimasu (Arau).**/*ah-righ-MAH-sooh (ah-ROH).*
>
> Do you need something washed?
> **Nanika-arai-masuka?**/*NAH-neeh-kah-AH-righ-MAH-sooh-kah?*

Waste.
> (verb) **Muda-o-suru.**/*MOOH-dah-oh-SOOH-rooh.*
>
> (noun) **Muda.**/*MOOH-dah.*

Watch (noun).
> **Ude-dokei.**/*ooh-day-DOH-kay-eeh.*

Watch (verb).
> **Mimasu (Miru).**/*meeh-MAH-sooh (MEEH-rooh).*

Water.
> **O-mizu.**/*oh-MEEH-zooh.*
>> I'd like some water.
>>> **O-mizu-wo-kudasai.**/*oh-MEEH-zooh-woh-kooh-dah-sigh.*

We.
> **Watashi-tachi.**/*wah-TAH-sheeh-TAH-cheeh.*

Weather.
> **O-tenki.**/*oh-TEHN-keeh.*

Weight.
> **Juryo.**/*JOOH-reeh-yoh.*
>> How's your weight?
>>> **Tai-ju-wa?**/*TIGH-jooh-wah?*
>> Gaining!
>>> **Futotteru.**/*FOOH-toh-TAY-rooh.*
>> Losing!
>>> **Het-teru.**/*heh-TAY-rooh.*

No change.
	Onaji. / *oh-NAH-jeeh.*

Wednesday.
	Sui-yobi. / *SOOH-eeh-yoh-beeh.*

Weekend.
	Shumatsu. / *SHOOH-mah-tsooh.*

(You're) welcome.
	Do'-ita-shimashite. / *DO-eeh-tah-sheeh-MASH'-teh.*

Well; then.
	Ja-mata. / *jah-MAH-tah.*

What?; What is it?
	Nani?; Nan-desuka? / *NAH-neeh?; NAHN-dess'-kah?*

What kind of?
	Donna? / *DOH-nah?*

When?
	Itsu? / *EEH-tsooh?*

Where?
	Doko? / *DOH-koh?*

Which?
	Dono? / *DOH-noh?*

Which one?
> **Dore?** / *DOH-ray?*

White.
> **Shiro, shiroi.** / *sheeh-ROH, sheeh-ROY-eeh.*

Who?
> **Dare?** / *DAH-ray?*
> **Donata?** / *DOH-nah-tah?*
>> With whom?
>> **Dare-to?** / *DAH-ray-TOH?*
>> **Donata-to?** / *DOH-nah-tah-toh?*

Whose?
> **Dare-no?** / *DAH-ray-noh?*

Why?
> **Doshite?** / *doh-SHEEH-tah?*
> **Naze?** / *NAH-zay?*

Wide.
> **Hiroi.** / *HEEH-roy-eeh.*

Wife.
> **Okusan.** / *oh-KOOH-sahn.*
> **Tsuma.** / *TSOOH-mah.*

Wind.
> **Kaze.**/*KAH-zay.*

Window.
> **Mado.**/*MAH-doh.*

Wine.
> **Wain.**/*wine.*
>> Red wine.
>>> **Akawain.**/*AH-kah-wine.*
>> White wine.
>>> **Shirowain.**/*SHEEH-roh-wine.*

Winner.
> **Shohsha.**/*SHOH-shah.*

Woman.
> **Onna.**/*OH-nah.*
> **Jyosei.**/*jeeh-YOH-say.*

Wonderful.
> **Subarashii.**/*sooh-BAH-rah-sheeh-eeh.*

Word, what's the word for?
> **Do-i-masuka?**/*DOH-eeh-MAH-sooh-kah?*

Work, job (noun).
> **O-shigoto.**/*oh-SHEEH-goh-toh.*

What do you do?
> **O-shigoto-wa-nan-desu-ka?**/*oh-SHEEH-goh-toh-wah-NAHN-dess'-kah?*

Work (verb).
> **Shigoto-o-shimasu (Suru).**/*SHEEH-goh-toh-oh-sheeh-MAH-sooh (SOOH-rooh).*
> **Hataraku.**/*hah-tah-RAH-kooh.*

Worry about it, don't; no problem.
> **Goshin-pai-naku.**/*GOH-shin-pigh-NAH-kooh.*
> **Shinpai-shinaide.**/*SHIN-pigh-shen-IGH-deh.*

Would like.
> **Hoshii-desu.**/*HOH-sheeh-eeh-dess'.*

Would you like?
> **Ikaga-desuka?**/*eeh-KAH-gah-dess'-kah?*

Write.
> **Kakimasu (Kaku).**/*kah-keeh-MAH-sooh (KAH-kooh).*

(That's) Wrong.
> **Chigai-masu.**/*CHEEH-Guy-MAH-sooh.*

X-ray.
> **Rentogen.**/*rehn-TOH-gin.*

Yellow.
> **Ki-iro; ki-iroi.**/*keeh-EEH-row; keeh-EEH-roy.*

Yen.
> **En.**/*ehn.*

Yes.
> **Hai.**/*high.*
>> Yes, it is.
>>> **Hai. So-desu.**/*HIGH-SOH-dess'.*

Yesterday.
> **Kinoo.**/*keeh-NOH-oh.*

You.
> **Anata.**/*ah-NAH-tah.*
> (with) you.
>> **Anata-to.**/*ah-NAH-tah-toh.*

Young.
> **Wakai.**/*wah-KIGH.*

Your turn.
> **Anata-noh-ban.**/*ah-NAH-tah-NOH-bahn.*

Zero.
> **Zero.**/*ZAY-roh*.

Acknowledgments
(**Kansha** · *KAHN-shah*)

This book would never have happened had we not all met at Kayoko's first marriage at the Beverly Hills Hotel, then hung out at our own wedding at our home in Los Angeles—and at numerous gatherings and ceremonies between LA and Tokyo, Nagano Prefecture, quaint seaside **onsen,** and in Costa Rica, Italy, Sedona, Vincent and Lauren's annual visit with Oliver and Eliot;

and our visits to the Bay Area with my daughter Rosemary, and grandkids Meggie and Teddy.

To our dear friend and brilliant journalist Yuki Saruwatari for her patient scanning of the entire text and trying to bring us up to date and as accurate as possible despite ourselves.

To my dear wife Kayoko for her staunch support, patient reviewing, and for egging Keisaku and me on with her delicious Japanese masterpieces, both every day and festive—and for all those "traditional" sweets she continues to provide on *every* occasion.

To our amazingly patient designers and editors. **Arigato-gozaimas'!**

Note to the Reader
(**Dokusha-e-no-chūi** · *doh-KOOH-shah-ay-noh-CHOOH-eeh*)

Thank you so much for buying our little book. We'd be most appreciative if you'd drop a review on amazon.com! And we'd be doubly appreciative if you let us know about typos, spelling mistakes, crucial words that aren't here, and anything else you think might improve the book for readers. **Arigato-gozaimasu!**

JAPANESE IN-LAW

www.ingramcontent.com/pod-product-compliance
Lightning Source LLC
Chambersburg PA
CBHW022112040426
42450CB00006B/673